日本高中留学面面观

日本の高校留学ガイドブック

朱华威 编著

浙江工商大學出版社
ZHEJIANG GONGSHANG UNIVERSITY PRESS
·杭州·

图书在版编目(CIP)数据

日本高中留学面面观 / 朱华威编著. —杭州:浙江工商大学出版社,2020.4(2021.10重印)
ISBN 978-7-5178-3809-8

Ⅰ. ①日… Ⅱ. ①朱… Ⅲ. ①高中—留学教育—概况—日本 ②高中—介绍—日本 Ⅳ. ①G639.313.8

中国版本图书馆 CIP 数据核字(2020)第066786号

日本高中留学面面观
RIBEN GAOZHONG LIUXUE MIANMIANGUAN
朱华威 编著

责任编辑 董文娟 张莉娅
责任校对 熊静文
封面设计 林朦朦
插画设计 先 代
责任印制 包建辉
出版发行 浙江工商大学出版社
(杭州市教工路198号 邮政编码310012)
(E-mail:zjgsupress@163.com)
(网址:http://www.zjgsupress.com)
电话:0571-88904980,88831806(传真)
排 版 杭州朝曦图文设计有限公司
印 刷 杭州高腾印务有限公司
开 本 880mm×1230mm 1/32
印 张 6.25
字 数 134千
版 印 次 2020年4月第1版 2021年10月第2次印刷
书 号 ISBN 978-7-5178-3809-8
定 价 48.00元

前　言

一提起高中留学，很多人首先想到的就是最近几年比较火的美国高中、加拿大高中及澳大利亚高中留学，而日本高中留学并不太为人所熟知。近年来，受诸多因素影响，去日本高中留学的人数激增，日本高中留学一时成为人们广泛热议的话题。

关于低龄留学，在中国国内，人们的看法也不尽相同。很多人觉得现在的孩子心理素质和生活自理能力较差，不应该过早地把他们送出国。的确，很多父母也不忍心让孩子独自在海外留学，担心他们承受不了留学生活和学习上的压力。然而，也有不少人认为高中留学最大的益处恰恰就在于此，可以在孩子年少时培养他们的独立生活能力和独立思考能力。每个家庭送孩子出国的理由也不尽相同：有的家庭想让孩子接受国外教育，拓宽其国际视野；有的家庭认为高中留学是升入海外大学的捷径；还有的家庭只是不想让孩子在国内接受应试教育……对于送孩子到国外读书的理由，稍做统计可以归纳为受中国的教育政策影响与受海外留学前景影响两点。

送孩子去海外读高中的家庭越来越多，日本高中留学渐渐成为热门选择之一，每到升学季，去留学中介机构咨询的家长也是络绎不绝。然而，在信息如此发达的网络上搜索日本高中留学的相关信息，结果竟是少而陈旧。同时，目前市面上几乎没有与日本高中留学相关的书籍。我写这本书的初衷就是给想去日本读高中的学生及其家长提供最新的日本高中留学信息，让他们了解真实的日本高中留学情况。

我来日本10年，时光飞逝，我由一个苦留学生到毕业后在日本高中任教，期间也曾迷茫和彷徨过，甚至怀疑过自己来日本留学和工作的选择。每当我在留学生活和工作中遇到困难，总会有老师、朋友热心地给我建议和帮助。而今，我选择了从事留学生教育的工作，也是希望能像他们一样用自己的力量去帮助他人，回馈社会。在日本从教期间，我见证了许多在日本读高中的小留学生的成长，也切身感受到了他们的变化。在此，我想通过本书与广大读者分享日本教育和日本高中留学的全貌，以期让更多的留日高中生在日常学习生活中少走弯路。

申请日本高中留学的流程并不复杂，且留学费用要比欧美国家低廉，再加上日本高中留学的签证率高，去日本读高中似乎是件轻而易举的事。也许正是因为这种留学道路的便捷化，没有经过深入细致的考察，留学目的不明确、没有留学规划的申请人也日渐增多。去日本读高中有很多优势，我也见过不少中国小留学生考取东京大学、早稻田大学、庆应义塾大学等名校的真实事例，但这并不意味着来日本读书容易，谁都可以轻易地“混”上名校。还有不少申请日本高中留学的学生因为喜欢日本动漫、游戏，或看了日本动漫、电影中的高中生活后而憧憬日本高中，结果却发现实际的日本高中生活与想象中的大有出入……

高中是一个人成长的关键时期，学生在决定去日本读高中前应做好心理准备，日本高中留学并不是一条轻松之路，一旦选择便很难有回头路。在选择去日本读高中前，学生和家长一定要仔细思考和明确下面这些问题：

为什么要去日本读高中？

中日两国高中教育有哪些不同之处？

留学生在日本高中学习、生活应该注意哪些问题？

日本高中留学有哪些风险？

如何规避日本高中留学的风险？

想让留学生活更加充实、更加有意义，留学生应如何适应和融入日本高中生活？

去日本读高中虽能避开中国国内高考的独木桥，但若没有做好心理准备与详细规划，则也会遭遇留学路上的“滑铁卢”。选择去日本读高中不应该只是想简简单单、轻轻松松地上大学，而应该从日本素质教育中发现自己、提升自己，使自己最终成为一个有竞争力的国际人。

本书力图给大家展现日本高中留学的真实面貌，分享日本高中留学过程中“从入到出”的注意事项，如怎样选择日本高中，如何尽快适应日本高中的学习生活，等等。希望本书能给有去日本高中留学意向的学生及其家长提供一些有益的参考。

在本书的编写过程中，我得到了我的大学恩师林翠芳教授的指导与鼓励；在对日本高中的实际调研过程中，我受到了同志社国际高中的春日清彦老师、立命馆宇治高中的玉野典明老师、明德义塾高中的吉田圭一塾长的鼎力相助。在此,我深表感谢!

最后,感谢我的家人,感谢他们对我留学和工作的支持。

朱华威

2020年1月

目 录

第一章　日本高中留学之缘起篇

一、日本留学新趋势——低龄化

1999年，一部介绍日本留学生的纪录片《我们的留学生活——在日本的日子》在中国国内播出，引起了社会的广泛关注。这部纪录片记录了20世纪90年代在日本的中国留学生的日常生活，纪录片中几位中国留学生在日本艰苦求学的奋斗经历令无数人感动和震撼。他们的事迹可以说是一个时代的印记。

王尔敏，19岁半。从中国国内高中毕业后去日本语言学校就读，边打工边刻苦学习，1年后考取了千叶大学。

韩松，26岁。在中国国内婚后不久就只身去了日本，靠洗碗维持生计，在日本半年瘦了30多斤，2年后考取了明治大学。

丁尚彪，把妻子和女儿留在上海，35岁的他去北海道的日本语言学校求学，后来由于变故放弃留学，靠打工一心供女儿赴美读书。

李仲生，34岁的他去日本求学，11年后已经读到博士课程，靠自己打零工和妻子洗碗支撑着留学生活。

……

20世纪90年代的他们作为自费留学生，在日本以洗碗、送报纸等打工收入来支付留学费用和维持生活，在打工之余挤出时间拼命学习。他们是那个年代在日留学生的典型，从他们身上不难看出以下3个特质：

(1)靠打工收入支付学费和维持在日本的生活;

(2)有艰苦奋斗的精神;

(3)留学时间相对较晚,均是在成年之后。

然而,时至20多年后的今天,在日本的中国留学生群体已经发生了翻天覆地的变化。变化如此之大,令我周围的很多日本人也发出感叹。

一位自20世纪90年代起就一直教授日语课程的日籍教师曾经感言:"在日本的中国留学生每隔10年就有一个变化。1991—2000年,中国留学生拼命打工,学习也刻苦;2001—2010年,中国留学生开始出现两极分化,一部分以打工为中心,另一部分以学习为中心;2011—2020年,随着网络的普及,沉迷于网络而不主动与外界接触的中国留学生变多了。与此同时,这一时期针对中国留学生的升学补习班开始在日本兴起,交高额辅导费去参加日本留学考试辅导的学生人数也是与日俱增。还有一点明显的变化就是,近年来去日本留学的中国学生开始趋于低龄化,除了从中国高中毕业后去日本读语言学校的,在高中阶段就选择去日本留学的学生也不在少数。"

正如这位教师所言,现如今在日本的中国留学生群体不再是给人以清贫印象的苦学生,随着家庭经济条件的提升,靠打工赚钱去日本留学的人变少了。与此同时,越来越多的家长选择让孩子在中学阶段就到日本接受日式教育。日本法务省[1]对高

---

① 法务省(法務省/ほうむしょう),日本统管法律事务的中央行政机构。长官为法务大臣,下设大臣官房、民事、刑事等7个内设局和公安调查厅等3个外设局。(日本讲谈社:《日汉大辞典》,上海译文出版社2002年版。)

中申请签发留学签证的外国学生并无限制，2014年又颁发新的法规允许外国人去日本读初中和小学。虽然日本放宽了外国学生在初中和小学阶段赴日留学的条件，但是现阶段去日本的低龄留学生还是以高中生为主。

日本记者兼作家中岛惠在《中国的精英阶层向往日本——为什么东大到处都是中国人？》[①]中写道：

> 在日本千叶县西部郊区有一所叫作晓星国际学园高中的私立高中，全校四百多名在校生中有四分之一的中国籍留学生，他们同日本学生在宿舍共同生活，上午7点半到下午3时20分上课，放学后参加校内辅导，晚上在图书馆或宿舍学习到10点。该校中国留学生升学成绩斐然，每年都有升入如东京大学、京都大学、大阪大学、名古屋大学、早稻田大学、庆应义塾大学、东京理科大学等名校的中国留学生。
>
> 该校接收中国留学生的原因有两个：一是日本少子化问题日益严重，学校生源减少及学生质量降低，出于对学校经营方面的考虑，开始招收中国留学生；二是中国留学生的到来可以活跃校园气氛，促进学校国际化，实现培养国际型人才的教育理念。
>
> 这些中国孩子的父母都是希望孩子能趁着年少到海外接受教育，加上孩子自身喜欢日本动漫与日本明

---

① 中島恵『中国人エリートは日本をめざす　なぜ東大は中国人だらけなのか?』(中央公論新社、2016年)8—84ページ。

星而对日本有好印象,从而选择来日本读高中。[1]

中国经济发展与中国人均收入的提高,也是日本留学趋于低龄化的主要原因之一。这些中国留学生在国内接受过"中国式"的基础教育,到了日本高中后在日本的大环境下变得更有礼貌、更加自立了。很多中国留学生在日本高中毕业后考入日本著名大学,如今在日本就业,活跃在各个重要工作岗位上。

日本高中留学与传统的通过读语言学校留学的方式不同,它渐渐成为赴日留学不可忽视的一种新模式。

二、传统的日本语言学校留学模式

传统的日本语言学校留学模式是指在中国国内高中或者大学毕业后,进入日本的语言学校学习日语,经过1年或2年的日语学习之后再升入日本的大学或大学院的方式。

从严格意义上来说,日本语言学校不算是正规的学校,而是外国留学生进入日本大学前的日语培训机构。日本语言学校的授课一般是半天制,学生可以根据自己的日程安排按照学期选择上午或下午上课。从20世纪80年代开始,进入语言学校学习是大部分自费留学生去日本考大学的必经之路。由于语言学校只上半天课,所以留学生可以在上完课之后去打工。在当时,充裕的打工时间对需要勤工俭学的中国留学生来说,无疑是巨大的帮助。

---

① 为便于读者理解,笔者对原文内容做了筛选整理。

进入2010年之后，随着在日本针对中国留学生的日本留学考试补习班的兴起，越来越多的中国留学生选择在语言学校的课后去补习班参加辅导。但近年来，既不参加补习班的辅导，又不打工的留学生增多，不少学生在上完语言学校半天的课后选择回宿舍玩游戏。一位日本语言学校的老师曾对我讲，对于上完课直接回住处玩游戏的留学生来说，基本上没有日语语言环境，与在中国生活并无差异。原因是语言学校班级内除了日语老师之外都是外国人，如果不打工或者参加其他社会活动，留学生也就基本上接触不到日本人。对于自制力不强且学习目标不明确的留学生而言，语言学校过多的空闲时间无疑会让他们更加慵懒。

近年来，去日本留学的外国人在持续增多，日本的语言学校的建设也是如火如荼。为抢占留学生教育市场，各业界（如房产中介行业、人才中介行业、建筑行业等）都参与了进来。2009年日本语言学校只有400多所，到2019年年底，全日本已经有近800所日语语言学校了。语言学校如此之快的增长速度，也导致日本的语言学校教育水平参差不齐，其中很多学校无法保证日语的教学质量。

根据语言学校的教育水平，日本政府把语言学校分为“优良校”与“普通校”，并以此为优秀和合格的基准。2019年，日本学者井上徹根据日本文部科学省①公布的统计数据表明，截至2018

---

① 文部科学省（文部科学省/もんぶかがくしょう），日本主管教育、学术、科学技术及文化的振兴普及的中央行政机构。长官为文部科学大臣。由官房和初等中等教育局、高等教育局等7局构成，外设局有文化厅。平成十三年（2001）由文部省与科学技术厅合并而成。（日本讲谈社：《日汉大辞典》，上海译文出版社2002年版。）

年8月,711所日本语言学校中有8成以上既不属于“优良校”,也不属于“普通校”。也就是说,有一半以上的日本语言学校是存在问题的。

三、初中阶段、高中阶段、大学阶段去日本留学,哪个阶段更好

目前,在赴日留学的第一站选择读语言学校的留学生还是主流,并且以高中毕业生和大学毕业生为主要群体。因为日本法务省规定,在日本国外完成12年以上学校教育的外国人才可以申请通过语言学校长期留学,所以初中毕业生无法申请通过语言学校长期留学。虽然近年来日本政府放宽了对留学生的年龄限制,允许一些中学招收初中阶段的留学生,但从这一时期学生的独立自主能力与心智水平来看,我也不建议他们在初中阶段去日本留学。

在日本语言学校学习的学生基本上都是年满18周岁的成年人,而在日本读高中的留学生年龄多在14—18岁之间。关于学习外语的最佳时期,虽然众说纷纭,但不得不承认,学习外语自然是年龄越小越好。有语言研究学者就曾表明,在掌握好母语的前提下,14—18岁是外语学习的适龄期,在这一时期进行高强度的外语学习训练更为有效。也有人说,既然越早越好,那为什么不让孩子在初中阶段就去日本留学呢?从实际情况来看,如果初中阶段就让孩子去日本读书,那么他的日语能力也许会快速提高,但他的中文基础并不扎实。另外,无论日语水平如何提高,对于学习第二语言的人来说,一般都不会超过其母语水平,

因为母语水平也会限制第二语言的水准。因此,从外语学习的适龄期看,高中阶段去日本留学更合适。

从中国国内高中毕业后去日本读语言学校一般是学制2年,留学生可以利用这2年时间打好日语基础,然后通过参加日本留学考试考取大学,这是目前最常见的日本留学形式。然而,这种留学形式比起高中留学最大的缺点就是要多花2年的时间。2年的语言学校学习时间,再加上出国准备的时间,容易导致留学生在上日本大学时比同年级的日本学生要大两三岁。两三岁的年龄差对于留学生来说影响可不小,这很可能间接导致中国留学生在大学里难以交到日本朋友,且对于今后在日本读研读博的留学生来说,也容易产生心理压力,在就业时也可能会产生不利影响。因此,从时间上来看,高中阶段去日本留学更为节省时间。

在高中毕业或大学毕业之后赴日本留学,留学生基本上都已经成年,校方和周围人就会以成年人的标准来对待留学生,在生活上与心理上不会有太多照顾。在日本语言学校或大学的留学生基本上都是独自一人生活的,因为日本大学不像中国大学有集体宿舍。对日本学生而言,上大学也是他们独立生活的开始。又因语言和文化的不同,初到日本的留学生不太容易与日本学生有深入的交流。相对而言,孩子在初中毕业后去日本留学虽然会令许多家庭担心,但也会得到校方和周围人的更多理解与照顾。在日本高中留学的最大优势就是能通过集体生活与日本学生展开真正的交流,能倾听到对方内心真实的声音。因此,从与日本学生的交流上来看,高中阶段去日本留学更为顺畅。

四、日本高中留学的优势

我本人有在日本语言学校就读的经历，并且硕士毕业后在一所接收留学生的日本高中任教。结合我自身的留学经历与工作经验来对比日本高中留学和通过日本语言学校留学这两种留学形式，我认为日本高中留学这一留学形式更有优势。主要表现在以下9个方面。

（一）更节省时间

上一节已经提过，从日本高中高一读起或者从高三插班都会比高中毕业后去读语言学校要节省时间。虽然日本语言学校的费用并不高，课余时间还可以打工，但是这样一来，留学生毕业时间会相对延后2年。2年时间的滞后，对留学生在日本就业、读研等都会有所影响。

（二）升学考试方式多样，选择更多

很多人认为，在日本读高中就意味着要与日本学生一起竞争，只能参加中心考试[①]。其实不然，比起语言学校的升学考试方式，日本高中留学生可以选择的途径更多。在日本读高中的留学生不仅可以参加很多大学单独举行的外国人留学生入学考

① 日本国家教育部门将在2021年1月取消中心考试，改为大学入学共通考试，虽然第一届大学入学共通考试的科目还是沿用中心考试的科目，但日后可能会有新的变动。

试，还可以参加AO入学考试、推荐入学考试等。此外，还有很多日本高中有大学保送推荐名额。关于日本高中留学生的升学考试方式，本书的第四章会详细介绍。

（三）学习日语更具有优势，且处在外语学习的适龄期

日语被联合国教科文组织列入世界最难学语言的前10位，虽然中国人有懂汉字的优势，但是学习好日语并不是一件容易的事，还需要一定的语言环境与时间。一位日语教育研究者曾说："在本国学过日语的有一定日语基础的留学生，来日本语言学校学习2年时间的日语是明显不够的，想要达到熟练程度至少需要3年。2年时间只够系统地学完语法，谈不上运用，3年以上的日语学习才会有质的变化。"因此，在日本读3年高中是对日语学习时间上的一个充分保证，加之与日本学生共同生活能有很好的语言学习环境，日语水平提升会比较快。

同时，高中阶段的学生正处在外语学习的适龄期。我接触过不少在国内学过3—5个月的日语之后来到日本读高中的留学生，经过日本学校的集体生活，不到1年时间，他们的日语水平就已经有了很大提高，从发音上几乎听不出是外国人。

（四）可以参加日本高中校园俱乐部活动，综合素质得到提升

很多人说，日本高中的俱乐部活动（クラブ活動）是日本初高中学校教育的瑰宝。日本的高中生并非如中国国内高中生那样在学习上"压力山大"，他们每天在上完6节课之后，下午有2—3个小时的俱乐部活动时间。

日本高中俱乐部活动种类丰富,大体可分为文化类与运动类,留学生可以根据兴趣爱好自由选择。想学习的留学生可以参加校内的文化课辅导,美术俱乐部、戏剧俱乐部等也颇受留学生的欢迎;喜欢运动的留学生可以选择体育运动项目,不仅能提高自己的身体素质,还可以释放在国外生活的压力。

(五)更容易接受国外的生活习惯与观念

一般而言,成年后到国外留学,适应当地一些生活习惯与观念会比较花费时间,尤其是成年人对与自己的价值观或生活习惯相左的事物会有批判性思维,难以接受或马上做出改变。与之相对,高中阶段的留学生还没有完全形成固定的人生观、价值观,更容易适应国外的生活。十四五岁时接受新事物的能力较强,养成新的生活习惯不会花费太长时间。高中阶段的留学生能与日本学生一起过集体生活,生活习惯与观念也较容易受影响。如:在日本进入玄关或洗手间时要换鞋;日本人性格较为含蓄,不会太直接地表达自己的观点;等等。

(六)更易与周围人建立起亲密的人际关系

在日本,配有宿舍的大学比较少。进入大学之后,大多数留学生与日本学生一样都比较重视个人隐私,会选择独自居住。高中生与大学生虽然只有几岁的年龄差,但是在人际关系的处理方面还是有很大不同的。在高中阶段,留学生与日本学生、本国或其他国家的留学生一起生活,更容易培养深厚的友谊,而成年之后就不易结交到同龄的外国朋友。另外,在日本高中与本国或其他国家的留学生一起度过校园集体生活,大家互相支持与陪伴,友谊也会更为深厚。留学生在高中阶段收获的深厚友谊,在他们今后的留学生涯中也将是一笔无形的财富。

(七)更易养成规律的生活习惯

日本语言学校的老师最为头疼的就是留学生的上课出勤问题。由于语言学校的学生大多数是一个人居住的,独立生活能力不强或者不自律的学生常常会迟到,甚至不去上课,所以常常会出现老师无法联系上旷课学生的情况。而在日本高中过集体生活的留学生会有老师监管与指导,尤其是日本的一些寄宿制高中,宿舍教育也是学校教育的一环,这些高中重视对学生的团队合作精神的培养,对个人和宿舍公共卫生也有严格要求。此外,高中宿舍会配有食堂,饮食搭配上会注重营养的均衡。而读日本语言学校的留学生大多独自生活,在饮食上全靠学生自己。

(八)可以在集体生活中深入了解日本人的行为习惯与思想

日本是重视集体主义的国家,在集体生活中作为个体,在行动时,不能用言语道明的"潜规则"较多。大部分留学生在进入日本职场之前没有体验过日式集体生活,而在高中阶段去日本留学可以通过班级生活、宿舍生活、俱乐部活动等与日本学生进行密切接触,在这种日式集体生活中,便能深入理解日本特有的集体文化,深入了解日本人的行为习惯与思想。

(九)能深入认识日本,对日后影响深远

日本高中生活不仅能让留学生在日语水平上有显著提高,

对其今后在日本的学习和生活都会产生很大影响。通过日本高中的集体生活，留学生们能够充分理解深层次的日本文化。在日本求职时，拥有日本高中生活的经历无疑是一个加分项，日本企业在录用外国人时较为注重其对日本文化的理解能力与对日本生活的适应能力。

五、是什么吸引着中国学生去日本留学

日本学生支援机构在2018年的调查数据中显示，2018年全日本的中国留学生为115000人，而2004年在日本的中国留学生只有65000人。另一方面，从日本出入境管理局统计的在日本的外国人就业数据来看，2018年在日本就业（工作签证）的外国人有25942人，其中来自中国的留学生有10886人，而2004年在日本就业的中国留学生只有5264人。通过这两组数据，我们可以得出以下两个结论：

（1）中国学生赴日本留学人数在显著增加；

（2）在日本就业的中国留学生人数明显增多。

那么，为什么会有如此多的中国学生选择去日本留学，在毕业之后又决定在日本工作呢？

（一）日本大学的总体水平世界领先，升学难度相对较低

2019年，日本中心考试的报名人数仅为58万人，数量上与我国山东省2019年高考报名人数基本持平，而中国2019年的高考报名总人数是1031万人。从2020年的大学数量来看，中国有2900多所大学，日本有787所大学。从这些数据不难看出，中国

学生考入大学需要付出的努力远比日本学生多得多。

泰晤士高等教育世界大学排名(Times Higher Education World University Ranking)是当今公认权威世界大学排名之一，评选的主要参考指标有:论文引用率(学术影响力)、研究的国际学界声望、教学品质调查、授予博士学位的人数、年度研究收入、大学本科的师生比、学术论文发表数量、教职员的国际化程度、经济活动与创新的研究收入、年度研究经费、大学本科与硕士研究生的学生比、学生的国际化程度、公共研究收入与总收入比。

2020年的泰晤士高等教育世界大学排名公布后备受关注，其中共有全球81个国家和地区的1250多所高等教育机构的排名。从2020年的排名来看，日本共有110所大学入围，仅次于美国，是入围高校数量第二多的国家。全美国有3600所大学，是日本大学数量的近4.7倍，但从入围大学的比例来看，日本大学的整体水平还是不错的。

虽然美国顶尖大学世界闻名，但是能申请并考入的概率实在是太低了，连申请总人数的1%也达不到，排在前几十名的美国常春藤大学一年招收中国留学生总共也不过300人。跟申请美国名校相比，申请日本名校则相对容易。从截止到2019年5月的日本各大学公开数据来看，在读的中国留学生人数分别为:东京大学约2400人，早稻田大学约3400人，京都大学约1400人，庆应义塾大学约950人。

当然，日本高水平的大学远不止这几所。有许多勤奋好学的中国留学生在日本的其他著名国公立大学和私立大学里深造。

(二)留学日本成本低

去日本留学的成本要远低于欧美国家,加上日本学校对留学生有很多奖学金支持和一系列的学费减免政策,这都成为吸引留学生去日本留学的重要因素。

日本国公立大学第一年的学费平均为817800日元(合人民币51783元①),只相当于美国公立大学的1/3;日本私立大学第一年的学费平均为1316816日元(合人民币83381元)。

同时,日本政府、日本民间财团,以及许多大学都会设有针对留学生的奖学金。

此外,日本政府一直积极地施行招收留学生的政策,许多大学积极响应相关政策,对留学生实行不同的学费减免制度,如减免30%、50%、100%等。

(三)日本二次元文化对年轻一代的吸引

二次元这个词对于中国的年轻一代来说是再熟悉不过的了。二次元泛指ACG(Anime,Comic,Game)文化,即动漫、漫画、游戏。它们作为休闲娱乐的二次元产业的主体,也被称为日本文化软实力,给日本带来了巨大的经济效益。现如今,这种二次元文化也直接或间接地吸引了数以万计的留学生赴日留学。

(四)日本国民健康保险制度与高额医疗费减免制度

国民健康保险(「国民健康保険」)是要求没有加入社会保险

---

① 按照2020年1月汇率100日元=6.332元计算。

的日本国民必须加入的保险。日本政府规定,留学时间在1年以上的外国留学生,依规定必须加入国民健康保险。保险费金额因地方政府而异,留学生在没有工作收入的情况下,每月需缴纳700—1600日元。留学生加入日本国民健康保险后,在日本医院接受治疗(包含处方药)时,个人只需负担医疗费的3成。

但是,如果因病在日本长期住院的话,那么就算个人只需支付3成的医疗费,也还是一笔不小的支出。对此,日本还有一项针对低收入人群(留学生无收入的情况也适用)的医疗费减免制度:对于不需要支付市民税务的未成年人(不满20周岁),在其生大病或长期住院需要支付高额医疗费的情况下,若每月住院医疗费超过81000日元(根据地方政府的不同,金额也会有所不同),则可向日本当地政府申请,让超出的费用由政府承担。

(五)高度外国人才优惠政策

社会与经济高度发达的日本不是移民国家,与欧美国家不同,在日本买房置地也不能申请到"绿卡"。受国土面积所限,虽然日本没有《移民法》,但在日本长期居住的外国人占日本总人口的比例很大。经济合作与发展组织(OECD)2018年的调查结果显示,在三十多个成员国中,日本国内的外国长期居住者人数已经排在了第4位,日本已是一个毋庸置疑的"移民大国"。华裔人口在日本逾100万,其中在日本的中国人也是不可忽视的一个群体。

与欧美国家不同,在日本拿到工作签证很容易,拿到长期居住权也并不是太难的事情。从日本法务省在2019年公布的外国人拿到永住条件来看,原则上申请人要在日本连续居留10年以上，并且其中必须持就业签证在日本居留5年及以上，但如果符合高度外国人才优惠政策（见表1-1），则可缩短为3年（评分在70分以上）或者1年（评分在80分以上）。

表1-1　高度外国人才优惠政策加分计算例

项目	加分项	分数/分
学历	硕士学位	20
工作时间	3年以内	5
年龄	30岁以下	15
年收入	500万日元	15
特别加分项	日本语能力测试N1合格	15
合计		70

注：①学历：学士学位评分为10分，博士学位评分为30分。
②工作时间：3—5年评分为15分。
③年龄：30—35岁评分为10分。
④年收入：30岁以下年收入达到800万日元的评分为30分。
⑤特别加分项：日本语能力测试N2合格的评分为10分。

高度外国人才优惠政策是日本政府出于缓解劳动力不足和吸引更多的优秀人才的目的而制定的，若申请人符合条件，则可以放宽其申请日本永住的时间要求（即在日本居留不满10年也可申请）。日本作为隐形的“移民国家”，对外来人口显示出极强的包容性，尤其是其对于外国人才的优惠政策也是他国少有的。

日本作为社会制度健全的发达国家，其硬实力与软实力都是吸引中国留学生的主要因素。值得一提的是，日本在科学技术领域也处于世界领先地位，近年来日本人连连获得诺贝尔奖，截至2019年，已有27名日本人获得了诺贝尔奖，是亚洲获诺贝尔奖人数最多的国家。日本的综合实力促使很多中国学生选择去日本留学，并在学有所成之后在日本就业。

另外，日本作为与中国一衣带水的亚洲国家，地理位置得天独厚，其文化、饮食、生活习惯等方面也与中国相通，这些也是吸引中国留学生的主要原因。

小贴士

日本是怎样一个国家?①

- ⊙人口：世界第11位（1亿2615万人）
- ⊙平均寿命：世界第1位
- ⊙国民总收入（GNI）：世界第3位
- ⊙联合国负担费：世界第3位
- ⊙产业用机器人运转台数：世界第1位
- ⊙汽车出口量：世界第3位
- ⊙获诺贝尔奖的人数：世界第7位（亚洲第1位）
- ⊙全球和平指数：世界第9位（亚洲第2位）

① 详见 https://www.jasso.go.jp/zh-CN/study_j/__icsFiles/afieldfile/2019/09/24/sgtj_2019_cn.pdf。

六、日本高中留学感言

因为从事留学生教育工作，我见证了很多赴日读高中的小留学生的成长历程——从初来日本时的不太适应，到用行动和努力克服各种困难，从而体验到了不一样的高中生活。他们在日本留学路上创造了各种精彩……

（一）留学感言一

我是在初中时疯狂迷恋上日本流行文化，并决定前往日本高中留学的。刚到日本的时候，语言不通，生活习惯也和国内不同，感到很不适应。幸好有老师和学长学姐们的热心帮助，我才和其他留学生顺利地融入了这个大集体。

在日本高中的三年里，最令我难忘的事是每天放学后和大家一起参加俱乐部活动。我参加的是英语戏剧俱乐部，我们在专业的戏剧老师的指导下，用英语排练，每年会在当地举办两次公演。临近公演时，部员们都会朝着同一个目标，不断排练、不断改进。大家齐心协力的过程，至今仍令我感动且难忘。

高二那年，我有幸作为交换生前往澳大利亚学习。在那里，我了解到了中东难民的困境。这样的经历打开了我的视野，让我把目光投注到全新的领域，直接影响了我对大学和专业的选择。

在报考大学时，我选择了庆应义塾大学综合政策学部的国际政治专业。今年是我在大学的最后一个学期，从今年4月开始，我将去一家在日外资咨询企业的金融犯罪调查部门工作，我希望能帮助那些正处于困境中的人，为世界和平贡献一份绵薄之力。

日本的高中和大学生活给了我很多收获。希望有理想、有抱负的学弟学妹，也可以尝试着为自己的未来寻找最佳方向！

——庆应义塾大学综合政策学部国际政治专业　许韵潇

（2013年进入日本高中，2016年通过AO入学考试升入庆应义塾大学）

（二）留学感言二

来到一个新的地方，发现这里的教育方式和待人接物方式跟国内大相径庭。不得不承认，在留学刚开始，我经历了很大的心理波动。跟国内教育相比，日本的教育可能更自由一些，不是每天没日没夜地学习，在学习之余会有相对自由的空间。

在日本读高中期间，我加入了合气道俱乐部。在合气道俱乐部，我不但学到了新技能，还结识了很多不同年级的朋友，在繁忙的学习之余找到了其他乐趣。通过和日本同学一起上课、交流，以及参加俱乐部活动，我的日语水平提升得很快，比在国内的日语补习班学到的要多得多。

在升学方面，我们还可以利用外国人留学生入学考试、AO入学考试等方式报考大学，选择也更多，这对我们留学生来说是非常有利的。如果你对日本文化感兴趣，并且想在日本考入一个理想的大学的话，来日本读高中也不失为一个好的选择。

——立命馆大学文学部人文学科国际文化学域　李　涵

（2016年进入日本高中，2019年通过推荐入学考试升入立命馆大学）

（三）留学感言三

在日本高中三年，我加入了空手道部，在那里我切实感受到了日本高中运动部的热血。严苛的空手道训练改变了我在国内慵懒的生活习惯。坚持三年对我来说真的是一种挑战，虽然中途也有过退出的想法，但是每天坚持训练完的满足感是玩电子游戏所体验不到的，正是这种满足感使我坚持到了最后。

高中三年，我用心融入日本学生群体，去感受集体中大家不一样的意志与灵魂，这也让我对生活充满热情。在日本高中留学期间加入一个并能坚持下去的社团真的很重要。在那种相互督促、鼓励的环境下，我收获了一份不一样的成长体验。对我来说，这也是自己青春年华里的一段精彩而又珍贵的回忆。

——武藏野大学GLOBAL学部日语交流学科　余　川

（2016年进入日本高中，2019年通过外国人留学生入学考试升入武藏野大学）

（四）留学感言四

实际到了日本高中之后我才发现，其实有很多地方跟曾经想象的并不一样。没有特别紧张的学习压力，学生可以将课余时间用在自己感兴趣的事情上，如：参加俱乐部活动，自己读点儿书，或者画点儿画。

在日本高中的学习并不局限于书本上的那些东西，学生一般会有很多自己探索的空间。我们都知道，只有在相对自由的环境下，才能真正发现和学到让自己受益的知识。日本高中在这方面的平衡还是相对不错的。

——武藏野美术大学油画专业　先　代（笔名）

（2016年在中国国内高中毕业后插班到日本高中三年级，后升入武藏野美术大学）

（五）留学感言五

在日本高中三年的校园生活让我大开眼界，我感受到了日本教育与中国教育的很多不同之处：日本高中的课后作业很少，学生有更多的自主学习时间；俱乐部活动多样；学校活动丰富；等等。在日本高中就读的留学生在升学考试方面有很多选择，我选择了参加与日本学生一起竞争的"日本高考"。虽说压力要比中国国内小一些，但若想考上理想的大学还是要付出很多努力的。对于像我这样一个接触日语没几年的外国人来说，要和日本学生考同样的语文考试，确实很吃力。

我加入的俱乐部是学习部。大家听起来可能会觉得有些枯燥，的确，每天的俱乐部活动也很普通，就是自习和参加辅导。每年夏天，学习部都有"合宿"活动（类似于学习夏令营）。在"合宿"期间，我和俱乐部的成员住在一起，每天从早学到晚。通过这种“合宿”活动，我在学习上的专注力有了明显的提高。当然，日本高中还有各种各样的其他俱乐部，我真心希望来日本读高中的同学都能根据自己将来的规划和目标去选择适合自己的俱乐部。

学校里负责任的老师很多。在我考入大学之前，老师们不厌其烦地帮我进行面试模拟，甚至有时还有一对一的“开小灶”补习。虽然因为住校没有机会去校外参加补习班的课程，但我觉得只要自己能充分利用校内资源和自由时间，还是可以拿到理想成绩的。从小就对人文地理方面感兴趣的我，在报考志愿时毅然选择了北海道大学文学部，希望能在毕业后从事与地域开发和人口移动有关的工作或研究。

高中留学并不是一件很轻松的事，如果你想锻炼自己的自制力和意志力，即便没有太大的信心，我也希望你能来试一试，因为你会发现新的自己和新的世界。

——北海道大学文学部人文科学学科　石俣衎

（2017年进入日本高中，2020年通过一般入学考试升入北海道大学）

第二章　日本高中留学之择校篇

一、日本高中留学的申请条件与形式

由于日本与中国都施行九年义务教育，高中均是3年，因此只要在中国国内接受完九年义务教育且日语或英语能达到所报考的日本高中要求的条件，便可以报名申请。除此之外，还有不少日本高中接受高三插班入学，即申请人在中国国内高中完成高二课程或高中毕业后插班到日本高三就读。

目前，日本高中留学大体可分为以下3种形式。

（一）从中国国内初中毕业后升入日本高一

与中国学校9月份开始新学年不同，日本学校是从4月份开始新学年的。在中国国内7月份初中毕业后，申请人可以利用这段空闲时间学习日语和准备次年的日本高中入学考试，考试合格后在4月份升入日本高一。另外，有部分日本高中在10月份开设有入学预备课程，留学生可以先入校强化学习0.5年的日语，再于次年4月份正式升入日本高一。因此，从中国国内初中毕业后，申请日本高中留学的学制可分为3年与3.5年（设置3.5年制的日本高中数量较少）这两种。

在日本高三时，留学生既可以和日本学生一起参加大学的AO入学考试、推荐入学考试及一般入学考试，也可以参加各所大学专门针对留学生实施的外国人留学生入学考试（受在本国接受教育年数要求的限制，不是所有大学的外国人留学生入学考试都可以参加）。

此留学形式的优势是：学生可以接受完整的日本高中教育，

能够更深入地了解日本文化,日语水平也会有很大提高。

(二)完成中国国内高二阶段课程后插班到日本高三

高三插班进入日本高中学习的形式多见于中国国内高中国际部中日班,或与日本高中有友好合作项目的学校。这种留学形式是指学生在中国国内完成高二阶段的课程后,再插班到日本高中读高三。

如果日本高中课程与中国国内课程不对接,插班入学的学生则要在日本高中补修学分,他们只有在考试合格拿到学分后,才能获得日本高中的毕业证书。因高三插班入学的留学生在日本高中学习的时间较短,故日本高中一般要求此类留学生在入学前日语至少要达到日本语能力测试N3水平。

与3.5年制高中留学一样,有的日本高中也会在10月份开设入学预备课程。所以,插班到日本高三留学也分为1年制和1.5年制。插班到日本高三的留学生既可以与日本学生一起参加大学的AO入学考试、推荐入学考试及一般入学考试,又可以选择参加各所大学专门针对留学生实施的外国人留学生入学考试。

此留学形式的优势是:学生可以在很大程度上节省留学费用和时间,中文与日语学习能够兼顾。

(三)从中国国内高中毕业后插班到日本高三

这种形式与传统的日本留学方式——读日本语言学校相似,即学生在中国国内取得高中毕业证书之后插班到日本高中读高三。校方除了对学生的日语水平有一定要求之外,对申请人的年龄也有限制(一般要求不超过20周岁)。

在中国国内学完3年高中课程的学生，不仅文化课有一定的基础，心理也相对要成熟一些。因为他们在中国国内接受过12年的教育，所以可以参加任何一所日本大学为外国留学生专门实施的外国人留学生入学考试。当然，也可以和日本学生一起参加日本大学的一般入学考试。

从中国国内高中毕业后插班到日本高三的留学生既有机会体验日本高中校园生活，又可集中精力为考日本的大学做准备。也正因如此，不少中国高中毕业生选择把日本高中作为赴日留学的第一站。

二、日本高中留学费用

众所周知，相较于欧美国家，去日本留学的费用要低一些。一般情况下，读日本语言学校一年的学费为70万—90万日元，日本私立大学一年的平均费用为100万—120万日元(理科专业会稍高一些)，日本国公立大学一年的平均费用为54万—64万日元。

日本公立高中一年的学费一般在45万日元左右，而私立高中一年的学费平均为104万日元。除了其父母或者监护人在日本工作、生活外，大多数外国学生只能选择在日本读接收外国留学生的私立高中。那么，从申请到就读日本私立高中一年大约需要多少费用呢？接下来，我参照2016年日本文部科学省的调查数据，结合自己实际调研的几所日本高中，以申请寄宿学校为例，给大家试列一下日本高中留学一年所需的各项费用(见表2-1)。

表2-1 日本寄宿制高中留学一年所需的各项费用预估

项目	费　用	详　情
考试费	4.3万—6.9万日元	①高中考试报名费为2万日元，一般会在北京、上海等大城市设置考场 ②日本留学考试费用（2科以上）为1.43万日元/次，一年可以考2次 ③日本语能力测试（JLPT）为5500日元每次，一年可以考2次 ④实用英语技能检定费用根据不同等级，为3600—9500日元/次
学费	45万—105万日元	包含交付给私立高中的给付金（如设施费用、取暖费用等）
住宿费	50万日元	包含房租、水电费等
伙食费	54万日元	按照500日元/餐计算
教材费	4.4万日元	教科书、学习用品、实习材料费用等
服装费	10万—16万日元	制服、运动服、皮鞋、室内鞋费用等
其他	9.4万日元	俱乐部活动、修学旅行、远足费用等

在日本高中留学的费用基本包括考试费、学费、住宿费、伙食费、教材费、服装费等。外国留学生读一年日本高中所需的平均费用为170万—240万日元（合人民币11万—16万元），其中不包含回国往返的交通费等。另外，留学生在高三时还会有报考大学的费用（报名费、交通费等）。

三、申请日本高中留学的渠道

除DIY申请日本高中留学之外，大多数留学生是通过留学中介机构或自己所在高中的友好合作项目等去日本读高中的。近年来，虽然有些日本国际高中设置了专门的海外留学生入学考试部门，但是大多数接收留学生的日本高中还是通过中国国内留学中介机构的协助，在中国国内举行入学考试来招生的。考生在入学考试合格后，再由留学中介机构协助办理签证及入学手续。

（一）DIY申请

顾名思义，DIY申请留学就是申请人自己独立申请留学。然而，DIY申请留学在网络上一直是个存有争议的话题。常有人说："申请人经验不足，申请留学是存在一定风险的，慎重为好。"那么，DIY申请日本高中留学是否可行呢？

目前，申请日本高中留学所需材料不多，申请流程也不复杂，操作难度较低。多数实践证明，只要申请人及其家长的日语能达到一定水平，或通过有留学经验的或在日本工作的朋友，不依赖留学中介机构而进行DIY申请日本高中留学是完全可行的。

有些日本高中要求考生在报考前必须实际到校参观，甚至单独或统一在报考高中校内参加入学考试。也有些日本高中有独立的国际学生申请渠道，考生可以在该校网站上直接注册登录，再参加由学校组织的统一考试。并且，随着申请人数的增加，越来越多的日本高中专门配备了懂汉语的职员来协助申请人直接申请学校。

此外，随着一些日本高中的国际化程度的提高，不少学校设立了海外留学生入学考试部门，申请人可以直接报名申请日本高中。然而，这些日本高中没有配备专门的职员来协助中国留学生参加入学考试和办理入学手续，一般都是直接委托第三方留学中介机构执行的。这种情况下，申请人也就没有必要DIY申请留学了。

一方面，DIY申请日本高中留学不但可以省掉一些中介服务费，而且在申请过程中可以通过联系学校、实际走访等增长日本高中留学的知识，从而增强择校时的判断能力。另一方面，DIY留学还是有一定风险的，保险起见，也有不少申请者会利用一些小型留学工作室用半DIY的方式申请去日本读高中。

（二）留学中介机构申请

2018年9月14日，《中国教育报》第6版上刊载的《留学中介的时代使命与担当》[①]一文中提到："全国约有60%的自费留学申请人，通过出国留学中介机构的中介服务活动达到了出国留学的目的。"由此可见，有相当一部分自费留学人员是通过留学中介机构的协助申请出国留学的。申请日本高中留学也不例外，多数留学生是通过留学中介机构申请成功的。自留学服务机构资质审批取消以来，中国国内的留学中介机构如雨后春笋般出现，其中一些还纷纷开拓了日本高中留学的业务。

---

① 详见 http://www.jyb.cn/zgjyb/201809/t20180914_1220440.html。

1. 大型全国连锁留学中介机构

成立较早且发展稳健的留学中介机构大多在全国很多城市建立了分公司及营业网点，此类留学中介机构在业内外较有名气，利用其申请留学的人数也最多。此类大型全国连锁留学中介机构业务涉及范围也非常广，除留学业务以外，还有移民、游学等业务。不同大型全国连锁留学中介机构主攻的领域和业务范围也不尽相同，如：有的机构主攻英美澳加方向，有的机构主要是帮助申请人申请本科或硕士研究生入学资格，还有的机构致力英语圈的低龄留学……

由于此类大型留学中介机构全国营业网点较多，因此日本高中留学申请人及其家长一般都会先来这里咨询。

目前，大型全国连锁留学中介机构的日本高中留学业务虽不是其主流业务，但是其对申请操作程序较熟练，服务流畅度也较高。不足之处是，对于日本高中留学业务，大型全国连锁留学中介机构的各个分公司往往无法与日本高中直接取得联系，留学顾问对日本高中留学的最新信息和留学的最新动向掌握程度不高，再加上留学顾问的流动性较大，留学后续服务往往得不到保证。

2. 外语培训机构

2018年，国家取消了因私出入境中介机构资格认定，一些外语培训机构也陆续开展了留学中介业务。在此之前，外语培训机构多是以合作项目、友好学校的形式帮助申请人申请留学的。可以协助申请人申请日本高中留学的外语培训机构多为大型日语培训机构或日语专门学校，它们多以申请人来报班学习再免费向申请人提供日本高中留学服务的形式为主。目前，一些大型日语培训机构基本都有日本高中留学的中介业务。

外语培训机构有较多懂日语的工作人员，他们在指导申请人写申请书与应对入学考试上较为有经验。同时，很多日语培训老师有留学背景，其留学经验能给申请人提供有价值的参考。

然而，外语培训机构能否兼顾外语教学与留学中介两项业务，在日本高中留学申请业务上是否有足够经验，还是需要申请人多加考察的。

3. 专门办理日本留学的中介机构

目前，在全国各大中小城市，也有不少专门办理日本留学申请业务的留学中介机构或个人留学工作室。此类中介机构多以申请日本语言学校与硕士研究生（或旁听生）的业务为主，其中不少中介机构近年来也增添了日本高中留学申请业务。

除以上中介机构之外，还有专门办理日本高中留学申请业务的留学中介机构，他们掌握着大部分相关高中的信息和资源，在介绍与申请方面也更加专业。

专门办理日本高中留学申请业务的中介机构熟知日本留学政策与留学信息，与其他大型留学中介机构相比，其专业性更强。不过，此类专门办理日本高中留学申请业务的中介机构的营业网点不多，且多采用网络宣传与网络营销的运作模式，跨区域操作起来比较困难。

4. 日本高中招生事务所

在日本，招收留学生的高中受其学校规模限制，大多数没有专门的海外招生机构，而跟中国国内的留学中介机构直接打交道也是不太现实的事情。因此，大多数日本高中在海外招生方面实施的是一元化管理，如：在留学生的主要来源国家委托专门代理并授权设置事务所，负责协助受理招生事宜。有的高中还会直接委托中介机构或外语培训机构代理其招生业务。

如果日本高中在中国国内设有招生事务所，留学申请人就可以直接通过该事务所申请日本高中留学。当留学申请人在留学期间出现问题时，家长也可以委托该事务所直接跟校方取得联系。

（三）高中国际班留学模式

大家对中国高中的国际部和国际班定不陌生。在中国国内高中，除了常见的中美班、中英班、中加班等英语圈国家的国际班，近年来随着日语高考的兴起和受日本留学热的影响，有不少高中也新设了中日班。与其他国际班一样，中日班也多采取国际合作办学模式，即：学生高一、高二阶段在国内高中学习日语和文化课，高三阶段直接被编入日本高三。由于日本和中国学校开学时间不同（日本学校是4月份开学），实际上在中国国内读完高一和高二需要花2年时间，进入日本高三至高中毕业需要再花1.5年的时间。因此，也称之为"2+1.5"模式。

通过"2+1.5"模式去日本读高中可以说是去日本留学的一个捷径，这类学生既有相对夯实的文化课基础，又有一定的日语基础，他们既可以以留学生的身份报考大学，也可以与日本学生一起参加大学的一般入学考试。虽然在中国国内普通高中读完高二后也可以申请插班到日本高中读书，但是比起高中国际班的"2+1.5"模式，他们在日语学习及跟日本高中课程的衔接方面相对处于弱势。

中国国内高中与日本高中合作办学模式综合了中日两国高中的教育优势，对学生综合素质的培养与日后发展有着深远的影响。目前,中国南京、苏州等城市均已有部分私立中学先后与日本高中合作办学,这些中日班在课程设置上也结合了中日高中的教学特点,在国际教育领域颇具特色。

此外,近年来随着国家政策的改变,国家对普通公立高中国际部的管理日趋严格,原则上不允许公立高中新设立国际部,因而国内新设国际部中日班的多为私立高中、国际高中等。国内很多私立高中对学生的户籍没有要求,他们一般面向全国招生。学生及其家长在选择国内高中国际部时,除了要看学校的管理与课程设置,以及与之合作办学的日本高中的师资力量和教学水平,也要看校方有没有聘请有经验的升学指导老师来帮助学生量身定制留学计划。

(四)友好姊妹学校与国家友好项目

受经济全球化及教育国际化的影响,世界各国间的教育交流也日益频繁。近年来,也有不少中国国内高中与日本高中缔结了友好姊妹关系。友好姊妹学校之间不仅可以进行师生交流互访,甚至有不少中国国内高中与日本友好姊妹高中之间创建了互派留学的项目,中国国内高中生可以通过这些项目到与自己所在高中缔结了友好姊妹关系的日本高中进行短期或长期留学。

从2006年起,日中交流中心开启了“邀请中国高中生长期访日事业”,即每年从全中国范围内选拔26名高中生去日本高中进行为期1年的留学交流活动,他们在留学期间的学费均由日本国际交流基金会承担。除了此类由国家与日本国际交流基金会之间合作创建的项目外,也有不少省市政府或公益团体邀请中国高中生赴日本高中进行短期或长期留学的项目。

随着中国高考制度的改革,日语高考班、中日班等在国内高中越来越普及,在高中阶段学习日语的人数也在迅速增加。目前,学生申请日本高中留学的方式虽然还是以依靠留学中介机构为主,但是近年来不少国内高中与日本高中缔结了友好姊妹关系,学生可以在高三时或者高中毕业后插班到日本友好姊妹学校进行学习。这种留学方式的好处在于学生不仅可以在中国高中夯实文化课基础,而且留学费用也比读3年日本高中要少。站在家长的角度上,孩子在中国国内读了2—3年高中之后再出国的话,心理上会更加成熟,也更令人放心。

四、日本接收留学生的主要高中

无论是日本官方调查数据,还是中国留学中介机构的调查结果,都表明:中国去日本高中长期留学的人数在持续增长,越来越多的中国学生选择去日本读高中。日本文部科学省的调查数据显示:在日本高中长期留学的国际学生中,中国留学生人数最多。与此同时,受日本教育国际化进程与少子化的影响,近年来招收国际学生的日本高中也在逐渐增加。

目前,在日本招收长期留学的留学生的中学主要还是私立高中,普通公立高中尚未对海外留学生开放。近年来,已有不少日本高中开始招收外国留学生,但是由于对外国学生的支援体制不完善,或者师资不完备、留学生教育经验不足等原因,还不能大规模地招收外国留学生。以下,我给大家整理出了招收外国留学生的主要日本私立高中(见表2-2)。

表2-2 招收外国留学生的主要日本私立高中

校名	地区	类型
北海道荣高等学校 ほっかいどうさかえこうとうがっこう （北海道 栄 高等学校）	北海道/白老郡	全日制
仙台育英学园高中 せんだいいくえいがくえんこうとうがっこう （仙台育英学園高等学校）	宫城县仙台市/多贺市	全日制/通信制
开志国际高中 かいしこくさいこうとうがっこう （開志国際高等学校）	新泻县胎内市	全日制
鹿岛学园高中 かしまがくえんこうとうがっこう （鹿島学園高等学校）	茨城县鹿嶋市	全日制/通信制
晓星国际学园高中 ぎょうせいこくさいがくえんこうとうがっこう （暁星国際学園高等学校）	千叶县木更津市	全日制/中高一贯校
翔凛高中 しょうりんこうとうがっこう （翔凜高等学校）	千叶县君津市	全日制/中高一贯校
文理开成高中 ぶんりかいせいこうとうがっこう （文理開成高等学校）	千叶县鸭川市	全日制/通信制
东大阪大学敬爱高中 ひがしおおさかだいがくけいあいこうとうがっこう （東大阪大学敬愛高等学校）	大阪府东大阪市	全日制/职业教育科/附属高中
东大阪大学柏原高中 ひがしおおさかだいがくかしわらこうとうがっこう （東大阪大学柏原高等学校）	大阪府柏原市	全日制/男校/职业教育科/附属高中
相爱高中 そうあいこうとうがっこう （相愛高等学校）	大阪府大阪市	全日制/女校/中高一贯校
京都两洋高中 きょうとりょうようこうとうがっこう （京都両洋高等学校）	京都府京都市	全日制/中高一贯校

续　表

校　名	地　区	类　型
同志社国际高中 どうししゃこくさいこうとうがっこう (同志社国際高等学校)	京都府京田边市	全日制/中高一贯校/附属高中
立命馆宇治高中 りつめいかんうじこうとうがっこう (立命館宇治高等学校)	京都府京都市	全日制/中高一贯校/附属高中
冈山学艺馆高中 おかやまがくげいかんこうとうがっこう (岡山学芸館高等学校)	冈山县冈山市	全日制
朝日塾中等教育学校 あさひじゅくちゅうとうきょういくがっこう (朝日塾中等教育学校)	冈山县冈山市	全日制/中高一贯校
仓敷高中 くらしきこうとうがっこう (倉敷高等学校)	冈山县仓敷市	全日制/职业教育科
明德义塾高中 めいとくぎじゅくこうとうがっこう (明徳義塾高等学校)	高知县须崎市/土佐市	全日制/中高一贯校
冲学园高中 おきがくえんこうとうがっこう (沖学園高等学校)	福冈县福冈市	全日制/职业教育科/中高一贯校
镇西学院高中 ちんぜいがくいんこうとうがっこう (鎮西学院高等学校)	长崎县谏早市	全日制/职业教育科
日章学园九州国际高中 にっしょうがくえんきゅうしゅうこくさいこうとうがっこう (日章学園九州国際高等学校)	宫崎县虾野市	全日制/职业教育科
池田高中 いけだこうとうがっこう (池田高等学校)	鹿儿岛县鹿儿岛市	全日制/中高一贯校

续 表

校　名	地　区	类　型
冲绳尚学高中 おきなわしょうがくこうとうがっこう （沖縄尚学高等学校）	冲绳县那霸市	全日制/中高一贯校

表2-2整理的只是招收留学生人数较多，且配有宿舍的日本高中。对于一些招收国际学生人数过少，且校内没有配备学生宿舍的高中就没有列出了。从地区来看，日本东京地区招收留学生的高中较少，而大阪及其周边地区相对较多。其主要原因是东京地区人口稠密，配有学生宿舍的高中较少。

由于大多数日本高中不主张外国留学生独自在外生活，所以如欧美寄宿家庭式的留学方式在日本并不多见。此外，受学校规模的限制，每年招收10名以上中国籍留学生的日本高中也不多。

五、日本高中的类型与特点

日本文部科学省公布的一项调查结果显示：截至2019年5月，日本共有4887所高中，其中国立高中[①]15所（在校生8476人），公立高中3550所（在校生2132008人），私立高中1322所（在校生1020778人）。日本私立高中的数量虽远不及公立高中，但是在校生数量却接近公立高中的一半。常常有中国朋友问我："是

① 由日本国家政府直接设置的高中，由国家出资建设、管理。

日本的私立高中好，还是公立高中好？”回答这个问题不能一概而论，因为不同地区情况不尽相同。以下，让我们一起从一组升学数据来比较分析一下日本高中的几大特点。每年3月10日是日本东京大学发榜的日子，表2–3为2019年考入东京大学人数最多的10所日本高中排行榜。

表2–3　2019年考入东京大学人数最多的10所日本高中排行榜

校　名	性质	地区	人数/人	类　型
开成高中 かいせいこうとうがっこう （開成高等学校）	私立	东京都	187	中高一贯校/男校
筑波大学附属驹场高中 つくばだいがくふぞくこまばこうとうがっこう （筑波大学附属駒場高等学校）	国立	东京都	113	中高一贯校/大学附属高中/男校
麻布高中 あざぶこうとうがっこう （麻布高等学校）	私立	东京都	97	中高一贯校/男校
圣光学院高中 せいこうがくいんこうとうがっこう （聖光学院高等学校）	私立	神奈川县	93	中高一贯校/男校
滩高中 なだこうとうがっこう （灘高等学校）	私立	兵库县	73	中高一贯校/男校
涩谷教育学园幕张高中 しぶやきょういくがくえんまくはりこうとうがっこう （渋谷教育学園幕張高等学校）	私立	千叶县	72	中高一贯校/男女同校
樱荫高中 おういんこうとうがっこう （桜蔭高等学校）	私立	东京都	66	中高一贯校/女校
驹场东邦高中 こまばとうほうこうとうがっこう （駒場東邦高等学校）	私立	东京都	61	中高一贯校/男校

续 表

校 名	性质	地区	人数/人	类 型
荣光学园高中 えいこうがくえんこうとうがっこう （栄光学園高等学校）	私立	神奈川县	54	中高一贯校/男校
久留米大学附设高中 くるめだいがくふせつこうとうがっこう （久留米大学附設高等学校）	私立	福冈县	50	中高一贯校/大学附属高中/男女同校

从这组数据来看,2019年考入东京大学人数排名前10的高中当中,除筑波大学附属驹场高中这所是国立大学的附属高中外,其他9所均为私立高中。从这个排行榜可以看出,日本私立高中升入名校的比例相对更高。当然,这并不能说明日本私立高中的综合实力比公立高中要大,但至少在教学实力和学习氛围上,很多私立高中还是有优势的。目前招收外国留学生的日本高中也主要是私立高中,如果中国学生父母双方中只要有一方不在日本生活或工作(即没有在日本的常住资格),那么基本上是无法申请到日本公立高中的。因此,本书对日本公立高中的特点不做赘述。另外,在表2-3的“类型”一栏中有“中高一贯校”“大学附属高中”“男校”“女校”等,这也是留学生在选择日本高中时的重要参考项。

以下,我对中高一贯校、大学附属高中、男校与女校、寄宿制高中、定时制高中与通信制高中、职业高中这几个学生及其家长在选择日本私立高中时的重要参考项进行详细说明。

（一）中高一贯校（完全中学）

日本的中高一贯校，其中的“中”指初中，“高”指高中。中高一贯校是指既有初中阶段，也有高中阶段的学校，在中国国内也被称为完全中学。日本的中高一贯校教育制度发轫于1998年的教育改革之后，旨在通过初中和高中教育的紧密联结，提高课程、教学内容和教学方法的连续性与一贯性，从而提高学生学习活动的连续性，进而缓解应试教育带来的压力。

日本现行的基础教育制度采用的是“六三三”学制，即：小学6年、初中3年、高中3年。日本与中国一样，实施的都是九年义务教育，故高中教育不属于义务教育的范畴。而日本学校的中高一贯是指初、高中6年一贯的教育制度，中高一贯校初一通常被称为一年级，高三则被称为六年级。

现在，全日本的国立、公立和私立中高一贯校合计约有500所，其中私立学校居多。大多数中高一贯校初中部的学生不需要参加升学考试就可以直升高中部，这免去了他们初升高的升学考试压力。6年一贯的教育制度在升学上最大的优势是，校方可以用6年时间来安排应对大学升学考试的课程，学生能借助更有计划性的学习体系来应对大学升学考试。最为重要的一点是，日本的中高一贯校的大学升学成绩通常要好于日本普通高中，如：在每年考入东京大学人数最多的10所日本高中排行榜中，排名靠前的高中大多是私立的中高一贯校。

中高一贯校初中部的学生大多可以直升高中部。6年当中，校方会设置与一般学校不一样的课程安排，因此中高一贯校学生的学习进度要比其他学校学生快，这也使得很多中高一贯校不接受其他学校学生报考本校的高中部。

考虑到升学率,很多日本学生及其家长会选择中高一贯校。同时,受日本少子化的影响,很多公立学校的生源明显不足。为了增强竞争力,现阶段日本的很多公立高中都在重组改革以建立中高一贯校,并期望以此来解决生源不足的问题。

私立的中高一贯校多以「○○中学高等学校」或「○○中·高等学校」命名,所以很多学校从校名上就可以直接看出是否为中高一贯校。随着近年来中高一贯校重组改革的加速,日本的中高一贯校出现了两极分化:既有很多升学率高的重点学校,又有不少问题重重的学校。

(二)大学附属高中

日本的大学附属高中一直备受学生及其家长的青睐。尤其在日本的全国统一大学升学考试改革前后,日本的私立大学附属高中更是受学生及其家长的欢迎。

私立大学附属高中的交通、硬件设施和教学资源都有一定的保证:私立大学附属高中大多在都市圈,交通便利;因为有大学财团的财力支持,教室、运动场、体育馆等设施一般都比普通公立高中的好;有的私立大学附属高中的学校宿舍是与大学相连的,学生也可以使用大学的食堂、图书馆等设施;私立大学附属高中在教学资源方面也有很大优势,私立大学的教授经常会到其附属高中授课,学生也可以到母体大学去听课,提前体验大学生活;甚至有的私立大学还会在其附属高中开设大学课程,学生不仅可以选择提前学习大学课程,在考试合格后还可以将其算作进入大学后的学分。

私立大学附属高中学生有直升大学的机会，附属高中的学生可以选择在毕业后直接进行内部升学。选择内部升学可以在很大程度上减少考大学的备考压力，学生也会有充足的时间参加高中的俱乐部活动。同时，私立大学附属高中在课程设置上也更侧重对学生综合素质的培养，如开设演讲课程、讨论研究性学习课程、小论文指导课程等。如此一来，私立大学附属高中的学生在应对考试时不会花费太多时间，能更好地发展自己的兴趣爱好，提高个人的综合实力。

然而，私立大学附属高中并不能保证学生100%直升母体大学或系列大学，升学率根据学校的不同也会有所不同，有的私立大学附属高中的内部升学率在90%以上，而有的学校则只在10%左右。当然，也有部分私立大学附属高中并没有直升大学的制度。所以，留学生在选择日本的大学附属高中时，应该提前确认好以下两点：

(1)直升母体大学或系列大学的条件与升学率；

(2)该私立大学附属高中设置的班级有无直升资格。

如果学生不能享受大学内部直升资格，那么想要报考母体大学或系列大学就要和其他学校的考生一同备考。例如：有的私立大学附属高中虽然设置了医学部升学班，但是该私立大学并无医学部。这种情况下，如果留学生想要考入医学部，就只能依靠自身实力了。

鉴于大学附属高中近年来在日本的人气上升，校方对学生的学习能力和成绩要求也更为严格了。例如：对于平时考试成绩不过关的学生会让其留级；对于学生内部直升的审查也日趋严格。

私立大学附属高中的学费整体比较高,如:2019年法政大学附属高中高一的学费是119.8万日元,高二、高三的费用平均在90万日元左右,基本与在日本读私立大学所需的费用相当。

(三)男校与女校

单性别教育在20世纪中叶前曾是主流,尤其是西方国家因宗教上的原因主张单性别教育。随着教育观念的转变,在各个国家的学校教育中,最为常见的就是男女同校。而近年来教育界也有不少研究表明,男女分开教育的教育成果更佳。

美国有学者曾提出:"男女的大脑机构功能有所差异,男女应分开施行不同的教育指导方法才能达到更好的学习效果。"2019年考入日本顶尖学府东京大学人数最多的10所高中里,有7所是男校,1所是女校,男校、女校制的优越之处在这里也可以得到很好的验证。英国也有一项大型调查研究表明:在70万名女学生中,入读女校的女生考试分数比入读男女同校的女生更高;男生也有类似的情况。此类调查研究还有很多,几乎都表明男女分校的成绩要好于男女同校。

从学习效果上看,男女分校有很大的优势,这在很大程度上得益于处在青春期的男女生不用担心异性的眼光,在学习上能更加专注。当然,单性别高中也有令人担心的地方:由于接受单性别教育的男女生在高中阶段接触异性的机会少,对于异性的认识过于理想化,进入大学或步入社会后在恋爱中容易失败,单身率也会比较高。前面提到的英国大型调查研究还显示,曾入读过男校的男性的离婚率较高。

近年来,日本男校与女校的数量均有了明显的减少,日本文部科学省公布的一项调查结果表明：截至2017年，在日本的4970所高中中，男校有109所，女校有306所。由此可见，日本男校与女校的总数已不足全日本高中总数的1/10了。

（四）寄宿制高中

日本教育资源分配相对均匀，学生从小学到中学基本都是本着“就近入学”原则的，因而日本的大多数高中没有宿舍，尤其是公立高中。和美国、英国不同，日本并没有如公学教育中寄宿学校的传统，因而寄宿制高中在日本的数量并不多，全日本只有400多所，其中实行完全封闭式管理的寄宿制高中就更少了。

大多数留学生家长都希望孩子能入住学校宿舍，在老师的监督和指导下成长。与之相对，很多留学生并不喜欢实行完全封闭式管理的寄宿制高中，他们大多向往自由的留学生活。因此，管理严格的寄宿制高中常常被学生戏称为“监狱”。留学生们有这种想法也是可以理解的，尤其是到了异国他乡，好奇心驱使他们想要更早、更多地体验国外文化，不希望自由被限制。

事实上，对于正处在青春期且自制力不强的学生来说，寄宿高中理应是最优选择。在实行封闭式管理的寄宿高中，学生虽然不能随时外出，但是能远离外面的诱惑，安全能够得到保障，生活作息也会更有规律。再者，宿舍不仅是睡觉的地方，也是培养交际能力与团队协作能力的重要场所。

2006年，日本丰田汽车公司联合JR东海等几所大型公司，参照英国伊顿公学创建了海阳学园高中。这是一所寄宿制中高一贯制男校，该校宿舍内有严格的管理规定，例如：学生需自己负责打扫宿舍卫生；和教室规定一样，宿舍内也不允许学生携带游戏机、漫画书和手机进入;晚间自习安排也毫不含糊,高一、高二学生的晚自习时间为20:00—22:30,高三学生的晚自习时间则为20:00—23:30。此外,宿舍内会有老师与学生共同生活,监督并指导学生的学习和生活。海阳学园高中一年的学费在280万日元左右,在日本也算是名副其实的贵族学校了。

寄宿制高中的宿舍是整个学校的“心脏”,决定着学生能不能度过一个有规律而又充实的校园生活。寄宿制高中的学生须遵守严格的宿舍规定,并会在互相切磋琢磨的环境中成长。当然,完全封闭式的管理也容易使留学生产生心理压力,甚至不能适应寄宿制高中的生活。同时,在寄宿制高中,偷盗事件和校园霸凌也时有发生,留学生应学会保护自己。

(五)定时制高中与通信制高中

日本的定时制(定時制/ていじせい)高中是指在特定的时间接受高中课程教育的学校,因上课时间大多是在夜间,也被称为夜校。而通信制(通信制/つうしんせい)高中是指函授高中,相当于中国国内的函授学校。通信制高中与普通全日制高中不同,学生不需要每天去学校上课,上课方式主要是函授。学生在笔试和面试合格并修满学分之后,就可以获得国家认可的高中毕业证书。定时制高中和通信制高中区别于普通全日制高中,学生的上课方式更加灵活。

在日本,选择上定时制高中的大多是学习成绩较差而考不上普通全日制高中的学生,或是因家庭经济原因无法升入普通全日制高中的学生。而选择上通信制高中的则基本是因各种原因在普通全日制高中退学,或无法在普通全日制高中就读或毕业的学生。

现在,全日本定时制高中的在校生约有10万人,通信制高中的在校生约有18万人,两者加起来仅占全日本高中生总数的0.8%。根据相关调查,选择定时制高中或通信制高中的学生中约有6成曾有过拒绝上学的经历,约有3成家庭经济困难或是单亲家庭。

为了顺应时代变化,也有不少学校法人同时开设运营普通全日制高中部、定时制高中部与通信制高中部,如:近年来,拥有普通全日制高中部和通信制高中部的鹿岛学园高中已开始积极招收外国留学生了。

(六)职业高中

日本的职业高中又被称作专门高中(専門高等学校/せんもんこうとうがっこう),是以商业、农业、水产等学科为主的中学职业教育,学生在毕业后选择直接就业的比例较大。日本的职业高中约占日本高中总数的30%,其中商业、农业、工业高中数量最多。日本的大多数职业高中从名字上就可以直接看出来,如「○○商業高校」「○○農業高校」等。日本知名漫画《银之匙》(『銀の匙』)就是以农业高中为背景的作品,漫画中就有农业高中的学生在上课之余还要种植蔬菜水果和饲养猪牛的情节。

日本的文部科学省要求职业高中以各学科专业性教育为主,同时也要兼顾高中基本课程的教育,学生在职业高中毕业后也可以升入大学继续深造。随着日本高中废校合并现象的加剧,很多高中同时开设了普通科和专门学科,让学生有更多的选择和出路。如招收外国留学生的冲学园高中就同时设有普通科与社会综合学科，其中的社会综合学科又分为保育福祉科、商务科、食育科、平面设计科，留学生也可选择学习。

以上，我列举了日本高中的几种类型并总结了各自特点，学生及其家长在选择日本高中时要认清其特点，经过综合比较之后再做决定。总体来看，中高一贯校、大学附属高中、寄宿制高中多是热门学校。近年来，有些定时制高中、通信制高中、职业高中也开始招收留学生，在这类高中学习的压力不会太大，校园氛围也相对轻松，有的高中的毕业证书也与普通全日制高中没有区别。

中高一贯校的初中生与高中生一起学习和生活，留学生可以与各个年龄段的学生相接触。而且，日本的中高一贯校一般都是有较长历史、有较为丰富的管理运营经验的学校，学生在升学方面大多有一定的保证。

自制力不强、生活自理能力较弱的学生明显更适合读寄宿制高中，在寄宿制学校学习既能养成良好的作息习惯，又可提高自立能力，培养团队精神。而且，当有突发事件如学生生病或发生事故时，学校老师也能及时采取应对措施。在日本招收留学生的高中大多配有宿舍，但是宿舍里有老师监管且留学生同日本学生共同生活的情况不多见。

在日本，男校与女校主要分布在大都市。读单性别学校的好处就是学生不必担心异性的眼光，更能全身心地投入学习。单性别学校会根据男女生性格特点实施针对性的教学，学生的专注力也能得到很好的锻炼。

日本的一所高中可能会有多个“标签”，学生及其家长在选择高中时应该权衡好利弊。出国留学最为重要的就是要确保人身安全，从这一点上看，寄宿制学校在安全方面更能让家长放心。当然，并不是贴有某一个“标签”的学校就一定是好学校，学生及其家长应该在充分了解之后进行实地考察，再在综合考虑之后慎重选择学校。

小贴士

为了获得第一手信息，我于2019年12月实际调研了招收外国留学生的最具代表性的3所日本高中，它们分别是位于京都府的同志社国际高中、立命馆宇治高中，以及位于高知县的明德义塾高中。在调研过程中，我采访了这3所日本高中的招生负责人，下面将详细信息分享给大家以供参考。

1. 同志社国际高中

图2-1　同志社国际高中一览

同志社国际高中建校于1980年，是位于京都府京田边市的一所基督教会学校。受母体同志社大学的影响，该校在教育上崇尚“自由主义”与“国际主义”教育精神。该校现有初高中生约1300名，其中归国生（日本国籍在海外接受过教育者）占到总人数的2/3。

同志社国际高中校风自由，没有统一的校服，也没有严格的校规。在课程设置上，该校设有多样的选修科目，学生可选择除英语外的五国语言之一作为第二外语。在教学上，该校实行小班制。该校学生的大学升学率为100%，除母体大学同志社大学的内部升学外，该校学生在海内外升学成绩斐然。由于是教会学校，该校学生在每天上学之前要集体做礼拜。

同志社国际高中的留学生入学考试为一年2次，分别在12月和次年2月，考试分为笔试（小论文）与面试（用日语）。该校要求海外留学生必须在家长陪同下参观学校并在接受学校说明后才能报名参加考试。另外，对于入学者，要求其在日本有担保人。

2020年，高一新生第一年的学费为99.6万日元，首年度的宿舍入住费为5万日元，每年的住宿费为48万日元，伙食费一天为1500日元（只含早餐和晚餐）。

同志社国际高中每年6月有校园开放日。除此时间之外，外国留学生及其家长来校参观需要提前预约（需有懂日语者陪同）。该校与中国国内留学中介机构无任何合作关系，咨询或报名考试可以直接通过邮件（留学生入学考试中心邮箱：center@intnl.doshisha.ac.jp）与校方取得联系。

学校类型：中高一贯校、大学附属高中、寄宿制高中

学校地址：京都府京田辺市多々羅都谷60-1

学校网址：http://www.intnl.doshisha.ac.jp/

2. 立命馆宇治高中

图2-2　立命馆宇治高中一览

立命馆宇治高中于1994年统合建校，学校位于京都府宇治市。目前，该校初高中在校生约有1600名，其中国际学生约有330名。该校的IB课程招收外国留学生（IB课程即全英语授课），目前IB课程在籍学生约有100名。立命馆宇治高中为立命馆大学的附属高中，学生有直接升入立命馆大学及立命馆环太平洋大学的资格。

立命馆宇治高中贯彻立命馆建校的“自由与清新”的教育精神，旨在培养未来的国际领导型人才，为世界和平发展做贡献。学校在校外设有男女生宿舍，宿舍为2人间，有专门的老师负责管理。

立命馆宇治高中目前只接收高一入学的留学生，留学生入学考试为一年2次，分别在11月和次年2月。IB课程入学考试未在中国设立考点，考生需在家长陪同下到该校校内参加考试。考试分为笔试（作文、数学）和面试（用英语）。由于IB课程是全英语授课，所以对考生英语水平的要求比较高，要求考生的托福考试成绩在80分以上或托业考试成绩在800分以上，在面试时也注重考察学生的英语听力与口语能力。

2020年，IB课程高一新生第一年的学费约为179万日元，第一年的住宿费为63万日元（包含首年度15万日元的宿舍入住费），伙食费一天为1250日元（只含早餐和晚餐）。

立命馆宇治高中未授权任何一所中国国内留学中介机构代理招生，报考学生需在该校官网上填写报名资料，然后参加学校统一组织的考试。该校每年6月有校园开放日。

学校类型：中高一贯校、大学附属高中、寄宿制高中

学校地址：京都府宇治市広野町八軒屋谷33-1

学校网址：http://www.ujc.ritsumei.ac.jp/ujc/

3. 明德义塾高中

图2-3　明德义塾高中一览

明德义塾高中创立于1973年，该校从1981年就开始招收中国留学生，全校现共有1000名在校生，其中外国留学生约有300名，是一所有较长接收外国留学生历史的日本高中。学校地处四国高知县，校舍濒临太平洋，自然环境优美。

明德义塾高中的留学生教育特点是：

（1）重视宿舍教育。该校的宿舍制度是仿照英国公学而建立的，老师与学生共同生活，旨在培养学生的自立、团队与领导精神。

（2）日语教育充实。该校从1991年开始设置日语组，有丰富的对外国留学生进行日语教学指导的经验。

(3)留学生支援、教育体制健全。迄今为止,从明德义塾高中毕业的中国留学生达1750名。该校对留学生的学校生活关怀备至,在对留学生的升学指导上也十分有经验。该校校规十分严格,每天都有早礼和晚礼制度,注重对学生日常礼仪和基本生活行为习惯的培养。

该校接收3年留学生和1年插班留学生,在学制上可以分为3年/3.5年,1年/1.5年。在课程设置上,除了有专门针对留学生的日语课程外,还有特进课程、英语留学课程(高二赴加拿大或澳大利亚留学1年)可供留学生选择。

明德义塾高中每年在中国的上海、北京等城市举行多次入学考试,笔试包含作文、数学、英语,面试时需要家长陪同。对于日语能力不足的考生,校方会配翻译人员协助其参加面试。2020年,高一新生第一年的学费、住宿费、伙食费(含早餐、午餐和晚餐)、教材费、服装费等合计210万日元。

学校开放时间在每年的7月、9月及11月。

学校类型:中高一贯校、寄宿制高中

学校地址:(本校)高知県須崎市浦ノ内下中山160

(龙国际校区)高知県土佐市宇佐町竜564

学校网址:https://www.meitoku-gijuku.ed.jp/

六、选择日本高中时应如何看待偏差值

说到“偏差值”一词，想必很多经常看日本动漫或日本电影的学生都听说过。2015年5月在日本上映了一部叫《垫底辣妹》(『ビリギャル』)的日本电影，影片讲述的是一个在班级成绩垫底的高二女生在补习班的帮助下，用1.5年的时间将偏差值提高了40，最后考上名校庆应大学的求学历程。

很多人认为偏差值是学生考试的分数，或是类似于中国国内的星级高中或重点高校的说法，但实际上它不是评价和衡量日本学校水平的标准，而是评价学生个人学习能力的标准，类似于个人IQ值。

偏差值全名叫作学力偏差值(学力偏差値/がくりょくへんさち)，是学生在模拟考试中个人学习能力的分值量化结果，多用于量化大学考试难度。所谓偏差值也不是政府或者教育部门经过计算而公布的结果，而是大型培训机构或民营教育机构举行的全国大范围模拟考试的分值量化结果。简而言之，如有100人参加考试，偏差值就是用来判断考生自己处于什么位置的数字。偏差值的计算方式根据统计部门不同，计算方式也不尽相同。最常见的计算方式为：偏差值=(考生分数-平均分)÷标准偏差值×10+50。如：日本著名的教育集团倍乐生(Benesse)对东京大学各个学科的偏差值的计算结果在76—80之间，也就是说，想要在东京大学的入学考试中合格的话，学生个人的偏差值不得低于76。每年杂志社或教育培训机构公布的日本大学各专业偏差值排行榜，体现的就是进入各所大学的新生的学习能力平均水平。

偏差值的统计一般在高三全国统一大型模拟考试时进行，虽然各个机构统计的偏差值多少有些差异，但是不会有太大差距，所以大学的偏差值的统计可信度较高。至于高中的偏差值统计，可信度就要低得多了。现在国内网络上流传着的日本高中的偏差值，其可信度也是颇有争议的。民间虽有杂志社或教育培训机构根据统一的模拟考试算出的偏差值，但是日本教育部门或国家公认的部门并没有发布关于高中偏差值的官方统计数据。

事实上，日本学生及其家长对高中偏差值排行榜并不怎么在意，就像中国国内一样，大家一般对家附近高中的教学水平都很清楚，并不需要什么偏差值排行榜。日本的杂志等媒体公布的高中偏差值实际上类似于明星的人气榜，对留学生而言，充其量只能算是一个参考。

七、实地考察日本高中时的重点关注事项

经常有中国国内的家长在微信公众号上咨询我："选择日本高中最应该注意哪些事项？"这个问题很难一言以蔽之，要看家长和学生对于学校有何要求，对留学有何规划。我通常会建议学生及其家长在申请日本高中前去日本学校实地参观考察一下，从而增强择校的判断能力，降低留学风险。自2019年1月4日起，日本对中国人的旅游签证进一步放宽，办理出国手续也更简单，加上去日本的费用并不高，家长陪孩子去日本的学校实地考察一趟也并不是什么难事。大部分招收留学生的日本高中十分欢迎学生及其家长到校参观，并会予以积极的配合且帮忙做好行程安排，甚至有的学校还会协助办理签证或进行接机等。

那么，到日本高中学校实地参观时要重点关注哪些事项呢？

（一）有无住宿设施，是否有宿管老师

出于安全和对学生的教育监管方面的考虑，日本高中留学应首选寄宿制高中。然而，拥有宿舍设施的日本高中并不多，实行统一管理的完全封闭式寄宿制高中就更少了。近年来，一些日本高中为了招收海外留学生，专门为留学生配置了宿舍。然而，这类临时配置的宿舍与一般的寄宿制高中的宿舍不同，校方并不负责统一管理，会把宿舍外包给个人或者相关公司管理。

虽然有些日本高中或留学中介机构在招生时声称配有学生宿舍，但是校方是否统一管理，是否有专门的老师负责只有在实地考察后才能知晓。有些招收留学生的私立高中，只是在学校附近租赁了一栋公寓楼临时改造成留学生宿舍，没有专门的老师常住，学生可以自由出入，安全得不到保障。还有的学校干脆就让学生自己在外面租房子住，这对不谙世事的外国留学生来说，又是一个相当大的挑战。此外，如果是留学生独栋宿舍的话，就意味着不能跟日本学生一起生活，与日本学生进行日常交流的机会就很少，留学生便很难通过学校集体生活得到锻炼。通常来讲，能否融入日本社会生活除了看个人的日语能力之外，还要看个人有没有日式思维和日式生活习惯。而与日本学生共同生活，是正处于青少年时期的留学生培养日式思维与日式生活习惯的最佳方式。

（二）校舍建筑防震、防灾是否到位

众所周知，日本是一个自然灾害多发的国家，特别是地震、

台风、大雨等。当然，日本在建筑防震方面是走在世界前列的，一般的公共建筑设施都能让人放心，尤其是学校校舍。日本把学校建设成最安全的地方，学校大多是地震时的紧急避难场所，学校内也备有食物、水等应急物资。

日本政府在2018年做的一次调查显示，98.9%的公立学校都是符合日本国家建筑法规要求的。与公立学校相比，日本私立学校的建筑设施的防震改造却进展缓慢。根据上述调查，日本全国的私立学校中，防震设施符合日本国家建筑法规要求的只有80%左右，与公立学校还有不小的差距。

因此，在选择日本高中时，学生及其家长也应该着重考察一下校舍，确认一下学校建筑设施新旧程度及有无安全隐患。这里还要注意查看一下学生宿舍环境，特别是一些高中给留学生租住的由普通公寓改造成的宿舍。近年来，日本因暴雨、台风导致的山体滑坡等致死事件也时有发生。因此，学校建筑是否处于安全地带，也是大家在实地考察时应特别留意之处。

（三）留学生参加校内俱乐部情况

日本高中的俱乐部活动种类丰富，学生有足够的参与时间，这也是吸引很多中国学生去日本读高中的原因之一。俱乐部活动不仅可以释放学生的学习压力，而且可以锻炼学生的团队合作能力。此外，学生若在俱乐部活动中表现突出并能取得一定成绩的话，收获的则不仅是个人和团体的荣誉，还有可能是大学的推荐入学机会或考试加分。

日本的学校教育比较看重学生的身体素质，学校的体育运动项目较多，不少体育运动项目都是学生从小学、初中时期就开始接触的，所以很多学校的俱乐部活动不仅仅停留在兴趣娱乐水平上，而是具有一定专业性的。大多数体育运动俱乐部的练习是非常严苛的，学生需在每天放学后，甚至在休息日参加俱乐部活动。对于留学生来说，参加俱乐部活动是接触日本学生和融入日本校园生活的好机会，但是若没有一定的基础和毅力，则是很难坚持下去的。

学生及其家长在实地考察日本高中时，校方大多会安排他们参观俱乐部。这时，学生及其家长不仅要看该校有哪些俱乐部，还要看留学生在俱乐部活动中的参加率。如果俱乐部活动（尤其是体育类）太过专业的话，没有基础的留学生适应起来就会很吃力。当然，俱乐部的老师会给予留学生一些照顾和针对性的指导，这也在一定程度上决定着留学生能否在俱乐部活动中坚持下去。

（四）是否有日本留学考试与英语考试的辅导

日本留学考试是针对留学生而实施的考试，是在日留学生升学的"小高考"，通常留学生是用日本留学考试的成绩来申请报考日本大学的。日本留学考试的科目包括日语、数学1、数学2、综合、物理、化学、生物，但这些并不全是日本高中的必修课。虽然大部分考试内容在日本高中上课时会学到，但是留学生仍需要进行自学或报名参加网络课程的学习。此外，近年来，留学生在报考日本大学时，除了其日语水平和日本留学考试的成绩备受重视，英语成绩也成了重点考察项。如果考生没有英语考试（如托福、托业等）的成绩，许多名校对其连报考资格都不会给。

因此，日本高中是否有针对日本留学考试和英语考试的辅导，也是学生及其家长应该关注的事项。

（五）是否有日语课程

在日本高中学习的留学生人数日渐增多，很多学生家长更倾向于选择留学生较少的学校，希望能让孩子更好地跟日本学生交流，更快融入日本学校生活。然而，很多学生在实际入学后才发现，所在学校并没有专门针对留学生的日语课程，也无专门的老师对留学生进行日语辅导。日语基础不好的学生如果去了这样的学校，会有很长一段时间无法跟其他人交流，听不懂上课内容，心理上也会受挫，这将直接对其今后的留学生活造成不利影响。此外，一些高中的IB课程一般用英文上课，这对英语水平较高的学生而言是件好事，但是如果没有经过系统的日语学习和日语口语强化训练，留学生的日语水平将很难提高，进而会对其将来在日本就业不利。

与之相对，有的日本高中会聘请专门的日语老师对留学生进行日语辅导和培训，甚至有的学校会开设日本语能力测试的辅导课程，这些对留学生的日语学习和日语考试都大有裨益。

（六）留学生数量和比例

在择校时，大多数学生及其家长会比较在意高中在校生中的留学生数量和比例，尤其是中国留学生的数量和比例，他们更倾向于选择中国留学生相对较少的高中。事实上，在选择学校时并不是留学生比例或中国留学生的比例越小越好，这不能一概而论。

留学生比例大的日本高中多具有较长的招收外国留学生的历史，这样的学校不仅在留学生教育和管理上有较为丰富的经验,而且学校老师往往都有“国际感”,善于与留学生交流和相处。有的学校会设有专门针对留学生生活和学习的国际部门,或聘任其他国家的老师来负责照顾留学生的日常生活,帮助留学生顺利完成高中学业。例如:日本明德义塾高中的留学生约占学校总学生数的1/3,有来自十几个国家的留学生。之所以会有这么大的比例,是因为该校有招收留学生的传统,自1979年起,该校就已经开始招收外国留学生了。当然,如果一所高中的留学生比例过大的话,大家往往就体验不到真正的日本高中生活了。2018年,日本和中国都曾报道过这样一则新闻:日本宫崎县一所高中在开学典礼上集体唱中国国歌,校长用中文发言致辞。因为这所私立高中当年入学的183名新生中,只有16名是日本人,其余167名全都是来自中国的留学生。

受少子化的影响,日本很多私立高中都面临着倒闭的危机,因而不得不靠招收外国留学生来增加生源。还有一部分学校历经倒闭后几次更换法人经营,一时难以招生,也从招收外国留学生入手。因此,有的学生及其家长通过留学中介机构进入了全校只有两三名留学生的高中,在入校后才得知该校是一所倒闭后被收购的学校,师资严重短缺。在招生宣传上,此类学校往往会避重就轻,不公布留学生的数量和比例。

想要了解一所学校的留学生数量和比例,以及学校经营状况,还是需要学生及其家长进行实地考察的。如学生及其家长在就餐时间参观一下学校食堂,相信定会有所收获。

(七)高中毕业生升学情况

日本每日新闻社曾请日本东京圈升学补习班的负责人们做

了一项关于“家长们在选择高中时会注重哪些方面?”的调查,调查结果显示:排在第一位的是“重视大学合格的实际成绩”,占85.9%;“上学的交通条件”排在第二位,占64.7%。日本高中每年3月都会公布当年度应届毕业生的升学情况,考入名校的毕业生人数是日本学生及其家长在选择学校时最为关心的事,这也是留学生及其家长考察的重点。通过高中每年的升学情况,我们可以了解该校是否为重点升学高中,学校的教学质量如何。

各高中的毕业生升学情况一般都会在各学校网站上公布。如果有机会实地参观学校的话,也可以向校方咨询一下。

(八)学校的特色

日本的每一所私立高中都有其特色,这也是学生及其家长在考察时要留意的地方。例如:有的高中重视国际教育,具有典型的国际学校特色;有的高中重视体育训练,在各项体育赛事中常常有学生夺冠;有的高中重视对学生的漫画和美术等艺术素养的培养,是艺术强校;有的高中重视理科教育,有较大规模的理科实验室;有的高中在外语教育方面非常有经验;有的高中设有职业教育课程……

学生及其家长在参观学校时,只要细心观察和咨询,这些特色就都会一一显现出来。

(九)学校的交通情况

学校交通便利与否也是留学生及其家长需要关注的一个重点。据我所知,不少留学生都想去大城市或城市中心就读。的确,这些地方交通和生活都比较便利,但往往来自外界的诱惑也多。我认为,学生在高中阶段还是要以学习为主,故在择校时不能单纯地只看学校的地理位置和交通状况。

没有100分的学生,也没有100分的学校。近年来,越来越多的日本高中开始招收留学生,各高中的水平也参差不齐。因此,留学生及其家长在选择日本高中时一定要慎之又慎。除了我以上列出的9点以外,大家还应注意该高中是否有长期招收留学生的经验。一些没有较长招收留学生历史的高中,往往在对留学生的支援和升学指导方面经验不足。

希望留学生及其家长在选择日本高中时,能进行实地考察并综合比较,最后做出合理的判断。

八、日本高中留学入学考试

日本高中留学入学考试通常分为笔试与面试两个环节。笔试科目多为英语、数学、日语、作文,根据学校水平与招生人数的不同,考试难度也有所差异。面试多为中文面试,也有不少高中要求用日语面试,全英语授课的学校(如IB课程)则需要用英语面试。接收留学生的日本高中一般对外国考生的日语水平有所要求,如需提交日本语能力测试等级证书或在中国学习日语的证明等。

(一)笔试

1. 英语

因学校与学科不同,对考生的英语要求也不尽相同。部分高中如立命馆宇治高中全英语授课的IB课程班对学生的英语水平要求比较高，要求学生的托福考试成绩在80分以上或托业考试成绩在800分以上。考生入学前，校方会通过英语考试检测其的语言学习能力，判断其未来的大学升学能力。一般的日本高中对考生的英语水平并无特殊要求，只要能够达到中国国内初中毕业生平均水平即可，笔试内容也很简单，主要考单词与语法，不考听力。

2. 数学

对比中日两国的初中数学课程，我们不难发现，中国的初中数学课程在知识面上要比日本的广，但在内容上不及日本的深。日本高中入学考试中考的数学知识点不会太多，题型也比较固定，主要为几何题与代数题，重点检测考生的数学基础知识掌握情况。

3. 日语

日语考试旨在检测考生的日语水平处在哪一阶段，考试难度在日本语能力测试N1—N4之间。日本的高中普遍重视考生的日语水平，尤其是没有开设日语课程的日本高中更为重视考生的日语水平。有很多日本高中要求考生在报考时就要提交日本语能力测试N2或N3的成绩，甚至有的日本高中会免除提交了日本语能力测试证书的考生的日语考试。

4. 作文

作文考试旨在考察考生的逻辑思维与写作水平，通常要求考生用中文或日语书写。日本学校极为重视考生的卷面整洁度，对于书写不工整或字迹潦草、难以辨认的考生往往不会给予高分，甚至不会予以合格。根据报考学校不同，作文的难度也不尽相同。如同志社国际高中的入学考试中的作文（小论文），多为议论体裁,难度较大,需要考生有敏锐的观察能力和精准的分析能力。与之相对,有的高中则只是涉及日本高中留学的理由之类,较为简单。

(二)面试

日本高中面试主要考察的是学生的精神面貌、交流能力及个人形象等。

大多数日本高中要求留学生与其家长一起参加面试,也就是说,面试官考核的不光是留学生本人,还包括留学生家长。面试官通过面试来了解留学生本人是否有清晰的留学目标,对未来是否有合理的规划。而留学生家长能否理解日本高中留学,能否对孩子的留学生活予以长期有效的支持,也是校方要了解的事项。

因为很多日本高中要求家长陪孩子一起参加面试,所以有不少日本高中在面试时会让考生使用中文。根据学校对留学生的要求和课程设置的不同,也有不少日本高中会要求考生用日语或者英语进行面试。以下,我列出了日本高中面试中考生常被问到的一些问题。

(1)你为什么要来日本读高中?

(2)你对报考的高中了解多少,为什么要报考这所高中?

(3)你最擅长的科目是什么,最不擅长的科目是什么?

(4)你的兴趣爱好是什么?

(5)你在日本高中毕业后有什么打算,想在日本的大学学习什么专业?

此外,面试中还会有一些简单的寒暄,旨在确认考生身体状况、心理健康状况等。

当然,在面试时,考生也需要格外注意个人形象。除了大家都知道的服装、发型要符合学生的标准以外,男生应注意不要留胡须,女生应注意不要化浓妆、不佩戴首饰等。我曾见过一些戴着耳机或嚼着口香糖参加面试的考生,他们的这种不礼貌行为往往会给面试官留下不好的印象,从而影响录取结果。事实上,面试是一个双向选择的过程,不仅面试官能考查学生及其家长,学生及其家长也可以向面试官咨询一些有关学校的问题。通过面试官的应对情况,学生及其家长也可以推测出校方对于留学生教育的态度。

九、日本高中留学前的准备

在留学前,大家定会对留学生活充满憧憬和向往。为了能让日后的留学生活顺利展开,准留学生及其家长在留学前应做好充分准备。提起留学前的准备,很多学生及其家长首先会想到的就是出国前的行李准备。事实上,一些日常生活用品或备用药品没有必要在国内买齐了再带过去,很多东西在日本当地购买就可以了。日常生活用品自不必说,在日本的超市或便利店都可以很容易买到。备用药品也不用准备太多,留学生到了日本高中后都会加入国民健康保险,无论大病小病,去日本当地医院就医花费也不会太高(经常会比中国国内便宜)。我认为学生在去日本高中留学之前,最为重要的还是要做好学习上的准备。

1. 英语学习

不少留学生选择去日本留学是因为英语成绩不好,但是去日本读书并不意味着就可以躲掉英语，要知道，英语成绩不好在日本同样是很难考上一流大学的。与中国国内的高中一样，在日本的高中，英语也是学生的必修课。受日本大学考试改革和日本申奥成功（东京2020奥运会①）的影响，日本的大多数学校乃至整个日本社会变得越来越重视英语教育。

日本的一些普通国立、公立院校要求留学生的托福成绩在70—80分。重点国立大学如东京大学、京都大学，以及顶尖的私立大学如早稻田大学、庆应义塾大学等则要求留学生的托福成绩至少达到90分。还有更甚者，如一桥大学要求留学生的托福成绩在100分以上。

在日本求职时，大多数公司都会对应聘者的英语有所要求，一般中小型企业要求应聘者的托业考试成绩不低于500分。而大型企业的要求则更高，往往要求应聘者的托业考试成绩在800分以上。至于一流商社，则要求在900分以上。

由此可见，大家无论是在学习中，还是在今后的工作中，都离不开英语。可以说，英语充当着相当重要的角色。又由于日本学校教师与中国学校教师的英语教学思维和教学方法不尽不同，因此很多留学生可能会一下子适应不了。在此，我建议基础相对薄弱的学生在去日本高中留学之前，最好能强化英语学习，提高一下英语水平。

---

① 2020年3月24日，国际奥委会宣布，鉴于新冠肺炎感染患者数量急剧增加，国际奥委会需要在不同的状况下采取措施，在与东京奥组委、日本政府和东京都政府讨论后完成新冠肺炎疫情对奥运会冲击的评估，决定推迟奥运会至2021年夏季举行，延期后的奥运会名称仍保留“东京2020奥运会”。

2. 日语学习

学生在去日本高中留学前,应多积累日语词汇,并掌握日语基础语法。

有不少学生及其家长认为只要去了日本高中,有了日语环境之后,日语自然而然就会变好,再在上课时认真学习就可以了。也有不少人认为日语学习主要靠听,只要多听日剧、日本电影及日本动漫中人物的对话,日语水平自然就会提高。然而,并不是有了外语环境或者进行听力突击训练,学生的外语水平就会很快得到提升的,语言学习是要靠长期积累的。我们都知道,儿童在学习母语时,从听懂到灵活运用也要花上几年的时间。在日本读高中虽然有很好的日语环境,但想要快速提升日语能力还是要提前积累日语词汇并掌握日语基础语法的。

受英语学习的影响,不少学生在日语学习上更重视语法,再加上中国国内日语培训学校也多侧重语法教学,导致很多学生在单词记忆方面投入的时间和精力明显不够。日语语法的学习固然重要,但如果词汇量不够的话,那么在日常对话中连听懂都成问题,就更别提灵活运用了。

日语能力对学生今后日本高中生活的顺利展开起着关键性作用。为了尽早适应日本高中的生活,大家一定要利用好去日本高中留学前的这段时间,加强日语单词记忆和日语基础语法的学习。

3. 语文学习

语文学习是常被留学生及其家长所忽视的。

我在日本高中任教的这些年里,也接触了不少来自中国国内的高中留学生。这些留学生在来日之后日语能力提升很快,但是他们的中文水平却令人担忧。在中国国内,高中语文的学习重点和难点是文言文阅读、现代文阅读，以及写作。但是，他们来到日本之后，没有机会像在中国国内高中课堂上那样系统地学习中文，也失去了母语环境，故不少留学生的中文能力，尤其是写作能力非但没有提高，反而退化了。因此，大家在去日本高中留学之前，也应该进行专门的中文阅读和写作训练，提高自己的中文综合能力。

此外，今后想要攻读理科类专业的学生，可以利用去日本高中留学前的这段时间预习一下相关专业课知识。尤其是数学基础比较薄弱的学生，可以利用这段时间进行复习，通过多做题来查漏补缺。

同时，家长应该与孩子保持良好的沟通，并在孩子留学准备期间对他们的学习进行敦促和指导。良好的沟通习惯会让孩子在今后的留学路上受益无穷。

总而言之，日本高中留学也有一定的学习压力，学生只有养成良好的学习习惯并持之以恒，才能在未来的竞争中保持优势。

十、如何避免在选择留学中介机构时的“陷阱”

留学中介机构作为留学申请者和学校之间的桥梁，协助众多学子实现了留学梦想。我在对身边的留学生（本科、高中生）做了一个小调查后发现，大多数留学生都是通过留学中介机构申请学校的，只有很少一部分人是通过熟人介绍以DIY的形式申请留学的。随着近几年海外留学热的兴起，各种留学中介机构也在全国遍地开花，分工也越来越细，一些专营日本留学的中介机构也应运而生。

留学中介机构与留学顾问的作用不应只是留学申请者与学校之间的“中间人”，还应是让留学申请者安全、安心留学的“指路人”。然而，对于留学中介机构，很多人都持消极态度。除了一些负面评价外，网络上还有一些留学生口述他们在通过留学中介机构申请留学时遇到的问题的视频，大家在申请留学时可以参考这些评价和视频，提高警惕，以免上当受骗。偶尔也有来日本读高中的学生跟我诉苦，说留学中介机构介绍的学校情况与实际不符，或者后续服务不到位等。

为了对相关留学中介机构进行更深入的了解，我陪同一位想让孩子去日本读高中的朋友走访了国内某一线城市的几家不同规模的留学中介机构，以留学申请者家长的名义咨询了日本高中留学的有关情况。同时，我还独自走访了国内二三线城市的几家留学中介机构。据此，我最大的感触是：没想到中国国内关于日本高中留学的信息竟然如此匮乏和不透明，不少留学顾问对一些日本高中的基本情况的描述也是模棱两可。

在海外留学热的大环境下，各大中小型留学中介机构在中国国内如雨后春笋般涌现出来。留学顾问这一新兴行业也吸引了不少年轻人的加入，但其中不少人把留学顾问定义为一对一的销售职业。在国外，留学中介机构是独立经营的，规模虽不大，但留学顾问的专业性较强。而在中国国内，留学顾问多受雇于大型全国连锁中介机构，他们的商业目的较强。更是有留学顾问直言不讳地说：“留学顾问的工作更多的是留学销售。”这道出了中国留学顾问“工作靠业绩，流水化操作”的无奈现状。当然，也不乏一些留学顾问不仅自身有留学经验和指导申请经验，还能领导整个业务团队。但在现实中,很多留学顾问也不得不听从留学中介机构的指示,如“这个月重点推某个学校”,在这种情况下,再好的留学顾问在推荐学校时也难免会有所偏倚。

选择留学中介机构是留学申请的关键一步,留学顾问是办理留学申请及签证等手续的助手,更是学子们踏上海外留学之路的向导。好的留学中介机构除了帮助留学申请者联系学校和准备材料外,还应该对日本留学生活中常出现的问题有足够的了解,能为申请者提供有效的建议,并且能够负责协调申请者在留学过程中出现的问题。

因而,学生及其家长在申请日本高中留学时,应注重留学中介机构的业务水平,有针对性地选择有经验的留学顾问来协助自己申请留学。以下是我走访过程中遇到的一些主要问题,现分享给大家,希望能对想去日本高中留学的学生及其家长在选择留学中介机构时有所启示。

(一)问题一:滥用偏差值,留学顾问业务水平不足

负责日本高中留学的留学顾问们常常会跟留学申请者提起日本某某高中的偏差值,但若是细问他们偏差值是什么,实际上很多留学顾问本人也解释不清楚。另外,留学中介机构公布的日本高中偏差值的数据从何得来,我们也不得而知。本章第六节已提到过偏差值的概念,此处不再赘述。

我陪朋友最先去的是一线城市的一家大型留学中介机构。我们在表明来意之后,留学顾问马上就给我们介绍了3所日本高中,并在纸上写下了它们的偏差值,分别是75、69和70。看到这3所高中的名字和这3个数据后,我感到非常不靠谱。这是为什

么呢？因为据我所知，在日本考入顶尖学府东京大学的学生的偏差值在76—80之间；而这3所学校均不是重点升学高中（在日本网站上可以查到），偏差值估计也就在40—50之间。我又顺便问了一句“偏差值”什么意思。该留学顾问解释说：“偏差值是日本高中的排名分值，分数越高学校就越好，满分100分。”很明显，该留学顾问并不理解偏差值的概念。与之相对，有些留学中介机构在网站上推介的日本高中的偏差值在30左右（日本普通全日制高中的偏差值平均在50左右），去这样的高中留学的话，校风与教学环境都不会有保证。

我陪朋友去的第二家也是一家大型留学中介机构。一进门，前台的工作人员就让我们填写联系方式等基本个人信息。随后，我们进入会客室等待。很快，一位留学顾问带着笔记本电脑微笑着朝我们走来，她在询问了我们的来意之后就打开电脑开始介绍日本高中。同样是没有给我们纸质资料，我和朋友只能看着她的电脑屏幕听她读相关学校的介绍文字。后来，我不经意间看到她的员工牌上写的是“韩国留学顾问”，我就打断了一下，问道：“您是韩国留学顾问吗？”她回答说：“是的，日本留学顾问不在，我也负责日本业务。”我们又继续听她的讲解，其间我的朋友指着日本九州地区的一所高中问：“这所日本高中在哪个城市？”这位留学顾问不假思索地回答：“在大阪。”见她回答得不正确，业务也并不熟练，我和朋友待了一会儿，也就草草结束离开了。当天晚上，我的朋友接到了一个陌生电话，本以为是这家留学中介机构的日本留学顾问打来的，结果是另外一家日语培训机构打来的招生电话，原来这家大型留学中介机构还卖了咨询者的个人信息。

(二)问题二:以代理多所日本高中为幌子,招生信息不实

我和朋友走访的第三家留学中介机构,是专门做日本高中留学业务的。说明来意之后,这家留学中介机构的负责人向我们介绍说他们代理了50多所日本高中。接着,就给我和朋友一一介绍了与他们机构合作的日本高中。这位留学顾问的介绍方法与其他机构的留学顾问有所不同,采用的是“排除法”,即一开始就否定了一些学校,如“这所学校在日本乡下,很多学生去了都受不了,要转学”“这所学校在日本的名声不太好”“这所学校在经营上也有问题”等,结果50多所高中被他排除后只剩下五六所了。与前两家留学中介机构的另一个不同之处是,我们得到了一份彩色打印的相关学校介绍资料,但资料中的内容也是经不起推敲的,其中还不乏图文无关的情况。

招收留学生的日本高中一般不会轻易给中国国内的中介机构以代理权,目前国内较大规模的留学中介机构所代理的日本高中也不过十几所,而一所规模一般的留学中介机构不可能会有50多所日本高中的代理权。因为留学中介机构与各日本高中维持关系本身就有一定难度,更不可能同时掌握50多所高中的最新信息。这就变得好理解了,说是代理了50多所日本高中,而留学顾问在介绍时先排除掉了很多学校,实际上只代理了几所日本高中。当然,也不乏一些中国国内的留学中介机构只是单纯地给日本所有高中群发邮件询问其是否招收留学生,在得到肯定的回复后,就宣称自己代理了该日本高中。一般来讲,任何一所招收留学生的日本高中都是允许留学生进行个人申请的。如果留学中介机构与申请学校没有一定的关系,当留学生在留

学过程中出现问题时，留学中介机构则无法顺畅地与该日本高中进行沟通。如果是这样的话，就没必要通过留学中介机构申请日本高中留学了。

还有的留学中介机构宣称其代理了多所优质高中（偏差值高），我们在浏览该留学中介机构的网站时，可以轻松找到其代理的多所日本重点高中或日本大学附属高中的信息，感觉该机构掌握着丰富的高中资源，而往往这些高中在中国国内只招收1—2名学生，或者只招收有日本长期居住资格的外国学生。这样的留学中介机构只是拿着这些所谓“高偏差值”“名校”做幌子，吸引学生及其家长去咨询、申请，而申请者在实际申请参加这些“名门高中”的考试时往往很难合格。在“名门高中”的考试中落榜后，申请者也只能退而求其次，最后去留学中介机构给他们准备的保底高中就读。如果不去保底高中的话，则会错过最佳留学时期。因此，很多学生及其家长只能无奈地听从留学中介机构的安排。

选择留学中介机构非常重要，好的留学中介机构就是留学申请者留学路上的“指路人”。能否为留学申请者提供真实的信息，并结合申请者自身情况提出合理的指导意见，是一家留学中介机构合格与否的主要参考标准。此外，当申请者在留学路上遇到突发情况时，留学中介机构能否给予其及时有效的帮助也是重要参考标准之一。一家好的留学中介机构与其规模大小或装修好坏并无直接关系，应该看其申请留学的过程与后续服务。

话说回来，目前留学行业内已经形成了一条多元的产业链，在这条产业链的助力下，留学变得更便捷，不再有“神秘感”。留学中介机构是留学产业链中最为重要的环节，其服务面和质量也在不断升级中，不再只停留在办理签证的层面，也变得更为重视留学前规划和留学后续服务了。我相信今后国内值得信赖的留学中介机构会越来越多。

小贴士

选择留学中介机构时的几个参考基准

现如今，无论是在大街上还是在网络上，都可以看到各大留学中介机构的宣传广告。那么，怎样才能找到好的留学中介机构呢？

我建议学生及其家长可以参考以下几个基准来进行判断和考量。

⊙该机构对学校信息的介绍是否真实、详实？对于提出的问题是否能够对答如流？

⊙该机构介绍的日本高中信息（如学费、升学状况）是否有书面材料？

⊙该机构对日本高中在读的留学生升学和考试方式是否熟知？

⊙该机构能否与其代理的日本高中取得直接联系？

⊙该机构是否有对留学生突发事件的应对方案？

⊙该机构收取的服务费是否合理？

⊙该机构的留学顾问是否有日本留学经验，是否亲身到其所介绍的日本高中考察过？

此外，目前的不少留学中介机构都提供线上留学咨询服务。与此同时，很多学生及其家长图省事儿，单靠网络来委托留学中介机构帮忙申请日本高中留学。更令人咋舌的是，有的家长直接交由毫无经验的孩子自己在网上联系留学中介机构。保险起见，我还是建议学生及其家长能亲自去线下的留学中介机构进行咨询。高中阶段是学生的人生关键时期，选错了留学中介机构和海外高中给申请者带来的不利影响将是不可挽回的，切记不可鲁莽大意，一定要慎之又慎。

（三）问题三：诱导在日本高中就读的留学生二次转学

一般而言，国内的留学中介机构除了向申请人收取服务费之外，主要是通过赚取国外学校招生佣金而营利的。很多留学中介机构为了招揽更多的生源，在线上和线下都进行了大量广告宣传。同时，留学中介机构之间的竞争也十分激烈。最开始是一些大型留学中介机构在中国国内拓展日本高中留学相关业务，现在出现了一些专门做日本留学业务的中介机构，且数量在日渐增多。

在互争雄长之时，一些留学中介机构则“另辟蹊径”，专门做起在日本高中就读的留学生二次转学的业务。一些中小型留学中介机构没另设线下营业网点，而把精力集中在线上。浏览一下知乎、百度贴吧等网络平台上关于日本高中留学的内容，我们可以看到不少关于留学生二次转学的帖子（软文广告性质）。这类帖子多是自问自答，吧主或楼主往往是某些留学中介机构的从业者。

一方面，留学生初入日本读高中时，在学习和生活上本身就会有很多不适应，再加上一些日本高中本身在校风、教学及管理上可能也存在问题，致使不少留学生在该高中待了一段时间后萌生了转学的念头。许多留学生发现实际体验到的留学生活与想象中的出入很大，选择努力适应还是离开也是使他们感到困扰和迷茫的问题。不少留学生片面地认为其在留学过程中遇到的问题很大程度上是学校方面造成的，换一所学校也许就可以改变状况。一些别有用心的留学中介机构恰恰利用了留学生迫切想要改变现状的心理，顺势诋毁其所在的高中，劝诱其转去自己所代理的日本高中就读。

无论是学校方面的问题还是留学生自身的问题，留学生及其家长都应该慎重对待转学问题。要知道，没有十全十美的学生，也没有十全十美的学校。在日本，除了父母工作调动的原因之外很少有学生会转学，通常转学的学生中有不少是因为有心理问题，或者是因违纪被学校劝退、开除而不得不转学的。现如今，大多数日本高中不接收在日本高中转学的留学生，即便接收，一些学校也会要求其从高一重读（不允许插班）。愿意接收日本高中留学生转学的日本高中多是在招生上或者经营上存在问题的。

另一方面，不少留学中介机构之所以会热衷于劝诱在日本高中就读的留学生转学，主要是因为在日本国内转学不需要准备如初来日本留学时那样烦琐的资料，而且在可获得的佣金上并无差异。近年来，想要二次转学的日本高中留学生人数在增加，而转学失败的例子也屡见不鲜。我曾听说过一所日本高中的几名留学生先后被同一所留学中介机构介绍到一所倒闭后重建的高中的情况。那几名留学生本以为转校后会有一个很好的学习环境，而实际去了后才发现并不像留学中介机构所介绍的那样，综合比较感觉还不如之前的高中。然而，后悔也来不及了。因此，在日本高中就读的留学生还是应该慎重对待转学，即便要转学也要事先对要转去的学校做好考察。

第三章　日本高中留学之学习生活篇

一、日本高中学校生活的特点

中日两国是一衣带水的邻国，在学校教育制度上有许多相似之处。和中国一样，日本施行的也是九年义务教育制度，中小学也由当地教育委员会（中国现称为教育局）统一领导，在管理上实行的也是班主任制度等。中国与日本的高中在教育制度上虽有很多相似之处，但在具体细节上又大为不同。

（一）班主任制度

日本中小学的班主任（担任/たんにん）负责每天召开早、晚班会，还要指导学生打扫卫生等。高中班主任的工作较为繁重，他们不仅要处理班级日常事务，还要兼及部分学校行政事务。除此之外，有时还要指导学生参加俱乐部活动。高三毕业班班主任的工作则更为繁重，他们还要指导学生升学等。虽然日本普通全日制高中班主任的工作时间是上午8点至下午5点，但是许多班主任经常要工作到晚上七八点，甚至更晚。

在这里，我顺便说一下日本高中的组织结构。在日本高中，除了校长（校長/こうちょう）、教头[①]（教頭/きょうとう）之外，还有教务主任（教務主任/きょうむしゅにん）、负责对学生日常行为进行指导的学生指导主任（生徒指導主任/せいとしどうしゅにん），以及负责学生升学的升学指导主任（進路指導主任/しん

① 教头相当于学校的副校长，具体负责学校教学的组织运营，辅助校长处理学校事务。

ろしどうしゅにん)等。

班主任是与学生直接接触最多的老师,是学生成长过程中的关键性人物。在日本高中,每个班级还配有副班主任,协助班主任共同管理班级事务。如果班主任不在,则由副班主任代替班主任处理班级事务,维持班级的正常运作。当然,如果学生在日常学校生活中遇到什么难题,除了找班主任和副班主任之外,还可以找其他任何一位老师商量或寻求帮助。

日本高中班主任的个人邮箱对学生及其家长都是公开的,家长如果想要了解孩子在校的学习生活情况,就可以给孩子的班主任写邮件[①]。日本高中也有家长会,有时还会让学生参加,班主任、家长、学生三方可围绕学业或升学情况进行深入交流。在中国国内的留学生家长如果想要亲自到日本高中去了解孩子的学习生活情况,则可以通过邮件与孩子的班主任约定时间,并向学校申请配备翻译人员[②]。

(二)早、晚班会制度(SHR/HR)

早、晚班会制度是日本学校特有的制度。早、晚班会指的是学生早上到校后由班主任召开的早班会(SHR/ショートホームルーム)和放学前的晚班会(HR/ロングホームルーム),早班会和晚班会的时间一般都在15分钟以内。

早班会是学生每天学校生活的开始。班主任会在每天早上

---

① 因语言不通,写邮件时可以借助翻译软件,为提高译文的准确性,建议尽量使用短句。

② 受条件所限,有的学校不能为学生家长配备翻译人员。

开完教师会议后直接去班级开早班会，确认学生的出勤和身体健康状况，并告知学生一天的安排，或做一个简短的发言。假如学生有事情想与班主任商量或者想请假的话，一般可在早班会结束之后与班主任单独交谈。

如果说早班会的目的是鼓舞士气，那么晚班会则是整顿军心。班主任会先带领学生打扫好教室卫生，然后和学生一起回顾并总结一天班级里所发生的事情，最后讲一下第二天的安排和注意事项。晚班会结束后，学生才可以参加各自的俱乐部活动。

很多留学生刚到日本高中时，不太能理解日本学校特有的早、晚班会制度的意义。其实，早、晚班会不仅可以让班主任掌握班级的整体情况，还是班主任与学生交流沟通、互相建立信任关系的重要时机。所以说，早、晚班会是学生一天学习生活开始与结束的标志，大家应尽快适应并予以重视，尤其是早班会，一定不要迟到。

（三）在校时间

日本中小学大多采用3学期制度：4—7月为第1学期（暑假约2个月），9—12月末为第2学期（寒假约为2个星期，即元旦新年假），1月中旬—2月末为第3学期（春假约1个月）。又因日本的法定节日[①]较多，普通全日制高中的高一学生一年的总上课天数在190—209天之间。

日本高中一般要求学生在早上8点半之前到校，开完大约15分钟的早班会之后就开始一天的第一节课。日本高中每节课

---

① 日本的法定节日主要包含国家节日和民间传统节日。

的时长一般为45分钟或50分钟，课间休息时间为10分钟。午休时间为1个小时。

大多数日本高中一天上6节课，放学后开完晚班会就是俱乐部活动时间。俱乐部活动一般从下午3点半开始，到5点半结束。①

虽然日本高中生一天在校的学习时间并不长，但是一天的课程和课外活动被安排得较为紧凑，特别是午休时间特别短。为保证一整天都有饱满的精神状态，早睡早起是很有必要的。必要时，学生可以利用课间休息时间伏案小憩一下，这也可以在一定程度上缓解疲劳。

另外，日本的普通全日制高中是没有早自习与晚自习的。想考入重点大学或医学部的学生，在放学后多会去补习班参加辅导。也有一些日本寄宿制高中会安排晚自习，但多为学生自主学习。

虽说学习并不是留学生活的全部，留学生可以积极参加自己感兴趣的俱乐部活动等来丰富校园生活，但还是要以学习为主。留学生应该利用好一天里有限的上课时间，并在课后做好课程的复习和预习。

（四）课程设置

日本高中目前采用的是学分（単位/たんい）制，学满35个课时为1学分，必修课需修到74学分以上，学校设定的科目或学科

---

① 因俱乐部的不同，结束时间也有早有晚，晚的也会到下午6点。此外，个别体育俱乐部还会在早、晚都增加训练时间。

共计20学分，总计需修到94学分以上才可以毕业。除了有和中国国内普通高中一样的语文、数学、英语、地理、历史、理科（物理、化学、生物等中选2科）等必修课以外，还有保健、体育、家庭科（家庭基础、家庭综合、生活技术中选1科）、艺术课（音乐、美术、书法等中选1科）、计算机等必修课。选修课则因学校的性质而异，如普通全日制高中与职业高中在选修课的设置上就有较大差异。

这里值得注意的是家庭科这一必修课。日本的家庭科是指帮助学生掌握家庭生活中的基本技能的课程，如做饭、缝纫等。日本中小学生的必修课里就有家庭科，学生不光要学习相关理论知识，还要进行实际操作。对于家庭科及艺术课等，不少受过中国国内教育的学生会认为这些是副课，课上不必认真听讲。这就大错特错了。在日本高中这些都是必修课，是需要通过考试才能拿到相应学分的。

在课程设置上，日本私立高中有很大的自主权，只要满足文部科学省对高中必修与选修课的规定，各学校可以自行设置特色课程。举个例子，数学虽然为必修课，但如果学校在高一阶段就开设了规定总学分的数学课，高二和高三阶段就可以不开设数学课了。这在一定程度上既保证了高中教育有较高的水平，又发挥了学校的主观能动性，有助于各大高中充分发挥自身的特色。

想要拿到日本高中各课程的相应学分也不是件易事。学校对学生的出勤率与成绩都是有一定要求的，即出勤率至少要达到该科目一学期总课时的2/3甚至3/4，且考试要达到规定的分数。出勤率与成绩中只要有一项达不到要求，就拿不到该课的学分，修不满学校规定的学分就会有留级的风险。但大多数日本高中会给考试不合格的学生相应的补救机会，或参加学校组织的补考或按照任课老师的要求提交课题作业。

（五）校规与学生指导

日本是讲求礼仪与规矩的国家，在学校教育中也一直贯彻奉行着这一信条。因此，大多数日本高中都有其严格的校规。一般，日本高中对学生的穿着打扮都有相对严格的要求。例如：高中生每天必须穿校服，同时对体操服、鞋子甚至袜子都有相应要求。此外，男生不允许留胡须；女生裙子必须要过膝盖，不允许烫发、染发及化妆等。日本高中的班主任每天都会检查和监督学生的穿着打扮和行为举止。当然，校规的严格程度和执行力度也因学校而异。一般情况下，定时制高中与通信制高中对学生的服装与发型要求就不太严格。

对于违反校规的学生，校方一般会视情况对其做出警告、停学或退学等处分。在日本，未成年人（未满20周岁）吸烟、喝酒是违法行为。为防止未成年人吸烟、喝酒，日本制定了《未成年吸烟禁止法》《未成年饮酒禁止法》等专门的法律。在校规严格的学校，学生吸烟、饮酒一经发现就会被劝退。还有许多日本高中明令禁止校园恋爱，男女生在交际中如有过度行为，学校也会对其进行停学或退学处分。因此，电影或动漫中的高中生男女主角在教学楼天台约会的场景不太可能在现实生活中出现。此外，还有一些日本高中禁止学生上学带手机。当然，由于智能手机的普及和日本自然灾害多发等，有不少日本高中现已取消了这方面的规定。

(六)俱乐部活动

俱乐部活动是日本中学生及大学生校园生活中不可或缺的一部分。高中生的俱乐部活动基本被安排在每天下午放学后，学生可以根据自己的兴趣或特长选择参加相应的俱乐部活动。俱乐部活动作为日本学校教育中的一环，由学校的教职工担任教练进行指导，目的是提高学生的身体和心理素质，培养其团队合作精神。

俱乐部活动分为体育类和文化类两种。比较受欢迎的体育类俱乐部活动有棒球、足球、篮球、排球、乒乓球、垒球、网球、空手道、剑道、柔道、高尔夫球等；比较受欢迎的文化类俱乐部活动则有合唱、美术、摄影、戏剧等。

参加俱乐部活动的一个好处是可以在俱乐部活动中交到朋友，并学习如何与他人相处，尤其是处理日本特有的前后辈关系[①]。日本是重视前后辈关系的国家。虽然学长学姐与学弟学妹之间只差一两岁，但还是会有较强的前后辈关系，甚至在日常交流时，后辈都要对前辈使用敬语以示尊敬。此外，在日本公司内部也有较强的"先来后到"的前后辈关系。

参加俱乐部活动的另一个好处是可以调节学生的校园生活。对于留学生来说，参加俱乐部活动不仅可以缓解学习压力，还可以缓解思乡之情。

---

① 前后辈关系是指前辈与后辈之间的关系，日本学校的前后辈关系一般指的是学长学姐与学弟学妹之间的关系。「前輩」「後輩」为日语名词，为便于表述，本书沿用日语说法，使用前辈、后辈。

日本高中阶段的俱乐部活动与中国国内高中的兴趣小组不同,其有着较为严格的参加训练制度。日本的著名动漫《灌篮高手》就是以日本高中篮球俱乐部为原型创作的,从中我们不难看出,体育类俱乐部活动的主要内容就是日常训练和打比赛。

2018年的一项关于日本高中生俱乐部活动的调查显示:男生中约有58%,女生中约有27%加入了体育类俱乐部。也就是说,平均每2名男生中至少有1名是参加体育类俱乐部活动的,平均每4名女生中至少有1名是参加体育类俱乐部活动的。在日本高中,不仅仅是学习成绩好的学生受人瞩目,擅长体育往往也会很受他人欢迎。

很多留学生不太理解日本高中生那么热衷于体育类俱乐部活动的原因,他们觉得每天的训练不仅辛苦,皮肤还可能会被晒黑,极不美观。事实上,日本学生从幼儿园开始就很重视体育运动了,他们早已养成了坚持体育运动的习惯。同时,整个日本社会都认为好的体魄是生存的根本,体育运动不仅可以强身健体、锻炼个人意志,还能提高人际交往能力。

此外,学生如果高中阶段在体育类俱乐部活动中表现突出或在全国性的比赛中取得了突出的成绩,就可能会获得大学推荐入学考试资格或面试加分。在日本,每年各大公司在招聘大学毕业生时,一般都更倾向于招收有参加体育类俱乐部活动经验的人。因为有参加体育类俱乐部活动经验的人不仅身体强健、心理素质过硬,而且有很强的纪律性,更便于公司管理。同时,在日本公司加班时间长、上下级制度较为严格的大环境下,学生时期在体育类俱乐部活动中锻炼出的协调能力和抗压能力都显得尤为重要。

一方面,很多人认为俱乐部活动是日本高中学校教育中的瑰宝;另一方面,又有很多人说俱乐部活动有不少弊端,主要体现在以下两点:一是俱乐部活动的指导工作增加了老师的负担,老师在星期一到星期五乃至在周末都需要指导学生参加俱乐部活动;二是在俱乐部活动中,老师对学生的体罚,以及学生之间的霸凌事件都时有发生。

虽然日本高中生的学习时间长度与学习强度都远不及中国国内高中,但这并不意味着在日本高中学习的压力就小。与中国国内不同,日本高中老师的教学任务不那么繁重,他们一般不会在学习上给学生压力,既不会准备大量试题对学生进行知识点强化训练,也不会给学生布置课后作业。学生要想考取重点大学或者医学部,一般都会在课后参加补习,这些全靠个人自觉。日本高中老师的教学任务虽然不那么繁重,但他们需要在指导学生参加俱乐部活动上花费大量时间,且往往会因此加班到很晚。经济合作与发展组织(OECD)2019年6月19日发布的调查结果称,日本中小学老师的工作时间在成员国和地区中最长。其中,日本中学老师每个星期的工作时间长达56小时,写报告等事务性工作和俱乐部活动成了他们的负担。

与中国国内普通高中相比,日本高中在课外活动方面更为丰富多彩。除了俱乐部活动外,学校每年还有体育祭、文化祭和修学旅行等。对留学生来说,参加俱乐部活动是接触日本学生、融入日本学校生活的一个好机会,同时还能进一步培养自己的爱好,发挥自身特长。

小贴士

室内鞋

出于卫生方面的考虑，日本中小学生与老师在进入校舍时都需要换上室内鞋（上履き/うわばき）。为此，学校在校舍入口玄关处放置了专门的鞋箱。每位学生都会有一个自己的鞋箱，鞋箱分为上下两格，上面一格放室内鞋，下面一格放室外鞋。室内鞋多是学校统一规定的帆布鞋，为防止学生在换鞋时不小心穿错，一般会在鞋子上写上学生的姓氏。

进屋换鞋是日本人的生活习惯，在校内除了进入校舍时要换上室内鞋之外，进入洗手间还要换上拖鞋。

二、如何适应日本高中的学习生活

日本普通全日制高中一般一天只有6节课（含体育课、音乐课等），没有课后作业，没有月考，课堂氛围也不是很紧张。同时，日本高中老师给人的印象一般都很亲切，也不会在学习上给学生压力，学生的自由时间比较多。因此，很多初到日本高中读书的留学生会觉得日本高中生活很“轻松”。然而，这种与中国国内高中迥然不同的“轻松”环境，往往会使得留学生感到学习分量不足，从而产生焦虑心理。

日本高中的教育体制和教师的评价制度与中国国内大有不同，再加上受语言和教学思维方面的影响，很多留学生初到日本高中学习时往往会有诸多不适应。中国高中老师在教学上像是“保姆”，事无巨细；日本高中老师则是“姜太公钓鱼，愿者上钩”。一位有多年教学经验的日本数学老师曾跟我聊天说：“我跟学生在课堂上说某知识点在大学统考中一定会出现，但是我不会在课堂上细讲，因为受课时的限制，我只能在课堂上把基础的知识点一带而过，剩下的只能靠学生自己努力了。”正如这位老师所言，日本高中老师在课堂上多是点到为止，学生的自主学习很重要。因此，日本高中生在学习上更多的是靠自己，所以能够考上重点大学的学生一般自律性与自主学习能力都很高。

和中国国内一样，日本高中也有重点高中与普通高中之分。通常在日本，想考入重点大学的大多数学生都需要参加补习班的辅导。他们需要通过补习班紧张的学习氛围下的题海战术，来提升自己的应试能力。如此一来，日本的补习班在一定程度上分担了学校在应试教育方面的压力。

当然，学生除了通过参加补习班的辅导，还可以通过参加日本高中校内的学习俱乐部活动来强化学习。校内的学习俱乐部相当于校内补习班，指导老师都是学校专任教师，沟通起来也更方便。想要冲刺名校的学生多会报名参加校内的学习俱乐部活动，付出的代价就是几乎没有时间参加其他俱乐部活动了。因此，有不少学生会在高三阶段选择加入校内的学习俱乐部。

另外，在日本有一个叫「スタディサプリ」的在线辅导网站[①]

① 「スタディサプリ」的网址为https://studysapuri.jp/course/entrance-exam/。

(见图3-1),上面汇集了日本小学四年级至高中三年级各门学科的课程内容,且该网站上课程的费用也相对便宜,对于打算自学的高中生来说非常实用。

图3-1 「スタディサプリ」网站首页

因此,强化学习的途径有很多,留学生可以根据自身时间和经济状况选择适合自己的学习方式,参加补习班的辅导与否也因人而异,只要能将学习效果最大化就好。

三、日本高中留学生该如何提高日语水平

有人说中日两国隔水毗邻,“同文同种”。所谓“同文”就是指汉语与日语都使用汉字,理应属于一类语言。然而,从语言的本质来讲,两者所属语系截然不同。汉语与英语很相似,语序相

同，都为"主+谓+宾"。而日语的语序为"主+宾+谓"，同时日语的助词与词缀很丰富。很多中国人说日语易学，因为日语和汉语都使用汉字，中国人理解起来快。的确，中国人学习日语比学习其他语言在入门时更有优势，但是从入门到精通有一定的难度。

有很多学生认为学习语言只要能听懂和表达出大意，达到沟通的目的就可以了。也有相当一部分学生认为只要在日本生活的时间久了，日语自然而然就会变好。事实上，持有这两种想法的学生，多半日语是学不精的。在我实际接触过的很多在日本生活的外国人中，有些虽然在日本生活了十几年，但还是只要一开口说日语就知道是外国人。

日语学得好的人往往都是通过用心观察日本人说话时的语气与神情，并尽可能地模仿其发音进行反复练习，从而使自己的日语变得更地道的。我身边的许多小留学生在日本高中只待了一两年，日语就讲得非常地道，发音、用词习惯基本与日本学生无异。

那么，怎样才能快速掌握地道的日语呢？在这里，我结合自身的日语学习和教学经验跟大家分享几点心得。

（一）模仿日本同龄人的日语

学语言的重要方法之一是模仿，学习者需要在模仿中反复练习。如何去模仿呢？模仿谁呢？这些都是学习者首要解决的问题。一般来说，比较快速和有效的方法有两种：一是听日语录音进行跟读训练；二是在现实生活中模仿日本人说话。

比起日本语言学校留学，日本高中留学最大的优势在于有一个更好的日语学习环境。在日本语言学校，除了老师是日本人之外，留学生身边的同学都不是日本人，不打工的话几乎是接触不到日本人的，更别提接触到日本学生了。与之相对，日本高中留学的情况就不一样了，留学生不仅可以和日本学生一起学习，还可以一起生活，他们在日常生活中接触到的日本同龄人的日语最自然也最为真实。

日本人在说日语时表情并不是很丰富，口型变化也不是很大，因此模仿日本人说日语的诀窍就是模仿其发音和语调。有些中国学生会通过看动漫学日语，他们会模仿二次元动漫人物的发音，而这往往导致他们的发音和用词习惯与实际生活相脱离，一口“动漫音”着实让人感到不自在。对留学生来说，最好的模仿对象就是身边的同龄日本学生。如日语日常对话中的“帮腔”，留学生只有在相关语境下进行仔细观察和反复模仿才能熟练掌握。另外，日本人说日语时往往会比较“暧昧”，他们一般不会太直截了当地表达自己的观点。因此，留学生应该格外注意，如：日本人在与他人交谈时善于察言观色并顾及现场的氛围，他们在发表观点时习惯于把结论放在最后讲等。

语言的学习不是一朝一夕的，需要大家持之以恒地努力。虽然大家在模仿时往往会觉得自己说话有些“假”或有些“做作”，但这都是正常现象。学习外语的第一步就是模仿，想要练就地道的日语口语就是要克服母语发音的惯性，尽量去模仿同龄日本人的发音和用词习惯。通过不断模仿，日语就会渐渐变得地道。与此同时，日本朋友也会越来越多，大家也就能更快地适应日本的学校生活了。

(二)克服中国人学习日语的常见问题

很多人认为中国人学习日语有天然优势,让一个完全不懂日语的中国人看一篇日语文章,他也能读懂其中一些意思。虽然汉字的表意功能很强,但想要全部读懂则需要下一番功夫。一是因为日语并非完全由汉字组成,除汉字外还有平假名和片假名;二是因为日语汉字和汉语汉字在发音、语义及用法上一般都有所不同。因此,中国人学习日语并不会因为有汉字基础学习起来就很轻松,学习过程中也会有很多难点。十五六岁的高中生正值语言学习的关键时期,在这一时期不仅要通过系统的学习来打好基础——在语法、词汇、发音、书写等方面下功夫,还要有意识地去克服中国人学习日语过程中常见的问题。

1. 语法

很多中国日语学习者说,学习日语过程中最难的就是日语动词的变形。日语动词的变形确实有点难,但只要记住了使用规则并多加练习,日后使用起来也就不会有太大问题。对于中国日语学习者来说,另一大难点就是日语助词的使用。日语中的助词很多,根据助词的职能、接续法、后续性和重叠的规律可分为4类:格助词、接续助词、副助词、终助词。每一类下面又有不同的助词,一个助词又会有多种不同的意思。如格助词有「から」「が」「で」「と」「に」「の」「へ」「より」「を」「まで」。其中,格助词「に」的用法就有十几种。之所以说日语助词的使用很难,是因为有些日语助词没有实际含义,在口语中也常常会被省略掉。而汉语助词不多,比较难的也就数“的、得、地”了。

很多学日语多年或在日本待了多年的中国人尽管发音很

好，但是在日语助词的使用上还是经常会出错，甚至有时还会闹出些笑话来。究其原因，就是在助词的学习上没有打牢基础。因此，大家在学习日语时切记不可忽视日语助词的用法，同时要在实际应用中学会融会贯通，循序渐进地掌握其方法。

2. 词汇

也许是受学习英语的方法的影响，中国留学生在学习日语时往往会比较重视语法的学习，而在单词的记忆方面下的功夫不够。再加上日语中有很多汉字，且很多汉字在发音上与汉语十分相似，中国留学生就会更加忽视单词的记忆。日语单词由假名和汉字组成，且汉字只占其中一小部分，而日语中仅常用汉字就有2000多个，由此日语单词的数量可见一斑。据相关调查结果，一般情况下，要理解日常所用语言的80%—90%，德语、俄语、韩语及汉语需要记住约5000个单词，英语需要记住约3000个单词，法语需要记住约2000个单词，西班牙语和意大利语需记住1500—1800个单词，而要完全理解日语日常对话内容，则需要记住约23000个单词。

日本语能力测试N1水平要求考生至少掌握2000个日语汉字，10000个日语单词。实际上，即便是N1考试合格的考生，在日常生活中也无法完全理解和灵活运用日语词汇。这也是留学生在日语学习上的常见误区之一，即认为N1考试合格了，日语就没有问题了，不用再去花费大把时间学习日语了。

另一项相关调查[①]显示，日本年满6岁的儿童的日语词汇量

① 荻原廣「日本人の語彙量（理解語彙、使用語彙）調査を行うにあたっての基礎的研究」（『京都語文』第21巻、2014年、1—30ページ）。

在5000—6000个，13岁在30000个左右。20岁之后则在45000—50000个。因日语中同样一个单词有口语说法，也有书面语及敬语的说法，故需要学习者拥有丰富的词汇量。拥有丰富的词汇量并能灵活运用才能使日语的表达变得更加丰富，口语也更加地道。

对学习者来说，从记忆日语单词到熟练运用并非易事。在看到、听到后能立刻知其意，并能用自己的话将其完整地表达出来才可以算得上熟练。因此，留学生在单词的记忆方面应该设立每天的目标，比如每天记忆20个生词，并用记熟的单词造句或将其运用到日常对话中去。这里有一个小窍门，那就是在记忆单词时连同句子或固定用法一起记忆的效果会更好。

3. 发音

一位常年接触外国留学生的日语老师总结说："不同国家来的留学生在日语发音上都有一定的地域特点，而由于中国幅员辽阔，来自不同省市的人在日语发音上也或多或少存在区别。"日语发音本身并不复杂，难点在于每个词的发音都有各自的拍数。日本人在讲日语时，即便语速很快，但每个音还是发得很清楚的。中国留学生在日语发音上的不足主要表现在促音和长音经常会发不准(漏掉或吃音)，语调上的起伏较大。日语发音不像汉语有4个声调，所以用日语说话时一般起伏不大，不会像汉语那样抑扬顿挫。尤其是来自口音越重的地区的中国留学生，其日语发音受其方言的影响越大。外语发音一旦养成了习惯，再去矫正就很难了，因而留学生在日语学习初期就应该严格进行发音练习。

一项关于语言学习的研究①数据显示：学习语言有一个“关键期窗口”，这个窗口从10岁开始缩小，到17—18岁完全关闭。在自然环境中，年龄小的学习者在听和说方面有优势，即年龄越小，对语言的分辨率就越高，发音的模仿就越到位。日本高中留学生正处于语言学习“关键期窗口”的后期，在外语学习上比成年人更有优势。因此，留学生在日语学习过程中应充分利用自身优势多听、多模仿，切勿错过末班车。

4. 书写

目前，中国国内的日语教学，尤其是日语培训机构一般都不太重视对学生日语书写能力的培养，这可能是因为日本语能力测试的试题全是选择题，没有写作题。日语培训机构看重学生的考级通过率，所以更注重对学生进行听、读方面的训练，而对学生的书写能力要求不高。虽然日语中也有很多汉字，但是在写法上，很多是和汉语不同的，如日语的「毎」「涼」「歩」与汉语的“每”“凉”“步”的写法不同。诸如此类的日语汉字，如果大家按照汉语汉字的写法来写的话，就会被视为错别字，因此在书写时需要格外注意。

事实上，日语书写能力很重要。日本高中留学生无论是参加日本大学的入学考试（有小论文考试），还是在日本求职投简历，都需要进行手写，如果平时不注意书写规范，在关键时刻写了错别字就很可能会拖自己的后腿。

---

① 2018年，脸书（Facebook）上做了一项英语语法测试，这项测试由语言学家史蒂夫·平克、心理学教授乔舒亚·哈茨霍恩发起，吸引了将近67万人参加，受试者来自世界多个国家，年龄从10—70岁不等，大部分人的母语不是英语。这项测试的结果被发表在《认知》杂志上。

因此，日本高中留学生在学习日语时，尤其是在学习初期，应多进行日语的书写练习，为日后的升学和求职打好基础。

（三）通过阅读和写作练习提高日语综合能力

很多人在外语学习过程中常常会走进一个误区，即过于追求口语的流利性，而忽视了对写作能力的培养。我接触过的日本高中留学生中有不少人往往日语口语流利、发音地道，但是写作能力较弱。他们中也不乏因写作能力不足在大学入学考试中的小论文环节失利而名落孙山的学生。日语的口语与书面语有较大差异，如“头疼”的日语口语是「頭が痛い」，书面语则是「頭痛」。针对口语水平与写作能力不平衡这一问题，大家必须引起重视。日语口语和书面语可视为两个体系，大家应区别对待。

日语写作能力并不是仅靠背单词、记语法就能一下子提高的，还需要大家进行大量阅读训练。阅读训练可以增强语感，提高单词和语法的实际运用能力。写作能力强的人一般不是因为记忆力好，而是通过大量阅读积累了经验，较好地掌握了单词和语法的使用情境并能学以致用。与之相对，大多数学生在记忆单词和语法时靠的是死记硬背，这样不但效率低，而且即便记住了也往往不知该如何运用。

任何一种语言都有其特性，大量阅读是快速理解和掌握外语要义的重要途径。在日语写作中，日语的表达方式与汉语有很大差别，这可能与中日两国人民的思维方式不同有关。在语法使用无误的前提下，中国人用日语写的文章与日本人写的文章可以很明显地被区分开来。在日本高中留学有很好的日语学习环境，而且每个学校都配有图书馆，大家有机会借阅很多日语原版书及其他资料。在此,我建议留学生多利用学校丰富的资源,养成良好的阅读习惯。阅读日语原版书及报纸杂志等不仅可以提高自己的日语写作能力,还可以拓宽自己的知识面,可谓一举两得。

阅读与写作正如弓与箭的关系,两者相辅相成。写作能力的提升要以阅读为前提,阅读是一个蓄力的过程,写作则是一个输出的过程。日语口语与书面语有很大的不同,要想快速提高日语写作能力,我建议大家先设置阶段性目标再去练习。概括而言,可分为以下3个阶段:

第一阶段:能用日语与日本人进行日常对话,看得懂日语原版书及报纸杂志。

第二阶段:能用日语与日本人进行自由对话,能快速阅读日语原版书及报纸杂志并提取关键信息,熟练掌握一些词汇和语法的使用情境。

第三阶段:可以用日语进行学术及商业等领域的高水平发言与写作。

很多日语学习者都还停留在第一阶段,他们的水平只能满足日常交流。于对他们而言,如果不突破这一阶段,不但很难考上一流大学,而且在今后的学习和工作中容易出现瓶颈。在日高中留学生有很好的日语学习环境,大家应有意识地克服日语学习上的问题,强化阅读训练,练好写作基本功。唯有如此,才能使自己的口语水平与写作能力均衡发展,相得益彰。

四、怎样处理人际关系

正值青春期的高中生都渴望得到周围人的认可,希望能交到更多的朋友。日本高中留学生也不例外，他们期望能在学校里与日本老师及其他同学融洽相处。然而在现实的留学生活中，人际关系的处理往往最困扰留学生。日本高中留学生的人际关系的处理主要体现在以下两个方面。

(一)与日本学生之间的人际关系

如何与日本学生相处？如何与日本学生交朋友？是大多数日本高中留学生在日常人际交往中最烦恼的问题。日本学校和社会都有较强的“集体主义”与“同调主义”，即在集体生活中强调统一性，个人要尽量与周围人保持协调。留学生与日本学生在语言习惯、生活习惯及思维习惯上都有很多差别，如果不用心去经营与维护，就很难成为好朋友。

与短期体验型研学不同，在日本高中留学的留学生不是客人，而是日本高中的一名普通学生，他们与日本学生共同生活。日本学生即便对外国留学生有好奇心，通常也不太会主动地去接触他们。所以，无论是为了语言学习还是为了交友，留学生都应该主动出击，积极地与日本学生进行交流。在集体生活中，留学生应多观察日本学生的生活习惯，找出共同话题或日本学生感兴趣的话题主动与他们沟通，不能因为觉得麻烦或者偶尔遭遇挫折就轻易放弃。

日本人重视“同调性”，在一个群体中，不一起行动或不做同一件事情，就不容易被同伴认同。有时，日本学生也会为与周围人保持“同调一致”而颇伤脑筋，因此在日本学校也有“同调压力”之说。举个例子，留学生参加俱乐部活动时会有与日本学生建立人际关系的机会，但如果留学生不能坚持每天参加或在每次俱乐部活动后不能坚持同大家一起打扫卫生，就很有可能不被周围的日本学生认可，也就很难交到日本朋友。

与日本学生交朋友的诀窍就是与周围的日本学生保持同一步调，多观察并主动交流。当然，因语言习惯、生活习惯及思维习惯不同，故在与日本学生接触的过程中难免会有分歧或者摩擦，但我们不能因此就不与日本学生打交道。有的同学认为主动与日本学生交流是一件没有面子的事情，或者认为没有必要太委屈自己去讨好日本学生，这些想法都是不可取的。最初与日本学生交流不顺畅是很正常的，只要留心观察，尽量与日本学生保持同一步调，渐渐地，身边就会有日本朋友了。

（二）与留学生之间的人际关系

有的家长在帮孩子择校时会偏向于选择中国留学生数量较少的日本高中，在孩子到了日本高中后也会叮嘱其少跟中国留学生接触。的确，在日本读书就应该多和日本学生进行沟通，这非常有利于自身日语口语水平的迅速提升。但对于初来乍到、尚未适应日本学校生活的留学生来说，最好的沟通对象还是来自同一国家的留学生。独在异国他乡的留学生常会有想家或者遇到挫折的时候，这时候，留学生之间只要互相鼓励和支持，便能更容易渡过难关。我印象最深的是，有位留学生的家长不希望自己的孩子跟本国留学生住同一间宿舍，在跟校方反映之后更换到了全是日本学生的宿舍里，结果只住了3天就希望调回有中国留学生的宿舍，理由是语言不通，感觉被孤立，没有人可以交流。

当然，除了与中国留学生交流之外，还可与其他国家的留学生进行交流（使用日语或者英语）。大家虽然来自不同国家，但是同为在日本高中就读的留学生,也会有很多共同话题。与其他国家的留学生交流起来可能会比与日本学生交流更轻松。通过相处不难发现,与他国留学生交流还能练习日语和英语的口语,以及了解世界上其他国家的文化。

有一点应该注意,即不能过于依赖留学生圈子。有的留学生即便在国外生活了很久,也没有交到一个日本朋友,身边的朋友全都是中国留学生。长此以往,非但不容易适应日本的生活,反而会产生各种人际关系上的问题。中国留学生之间经常把没有朋友或者喜欢单独行动的人称为“孤儿”,因此有的留学生怕被留学生群体孤立而曲意逢迎,也有的过于依赖中国留学生圈子而完全不与日本学生接触,这些都致使他们的留学价值大打折扣。在我实际接触到的留学生中,有些常常因为人际关系处理不当而与周围人产生矛盾,甚至有些因此变得冷漠,不愿意主动与人交流而宅在房间里沉迷于游戏等。在这里,我建议留学生在处理人际关系时要调整好心态慎重对待,既不盲从,也没有必要惧怕。

“为什么要来日本读高中?”这是我经常问身边留学生的一个问题。关于这个问题,我得到的答案多种多样。在我实际接触到的日本高中留学生当中,有相当一部分学生的回答是“因为我想体验日本动漫里那样丰富多彩的校园生活”。然而在实际来到日本高中后,有留学生疑惑地问我:“我读的日本高中怎么与动漫里的高中生活不一样?”我只能苦笑着对他说:“童话里的故事都是骗人的。”在来日本读高中之前,不少留学生对日本高中的校园生活缺乏实际了解,只是因动漫里的一些虚构情节盲目地憧憬日本高中生活，从而选择来日本读高中，结果换来的却是满满的失望。

实际上，日本高中校园生活并不像动漫中那样轻松，高中生们穿着制服在校园内玩乐、恋爱的场景于现实生活中是不太可能发生的。在日本高中，大多数学生还是会受各种严格甚至苛刻的校规的束缚的。

日本高中分为重点高中和普通高中，整体的学习氛围不如中国国内高中紧张，日本高中的校园活动与俱乐部活动时间较多。从这个角度来看，在日本高中读书的确比在中国国内要轻松一些。但日本的高中生也有很大的升学压力，想要考上重点大学也避免不了“题海战术”与“时间战术”。同时，日本高中体育俱乐部活动并不是天天打比赛，也没有动漫里常出现的俱乐部经理和啦啦队的支持，更多的是成员们天天在运动场上挥汗如雨地训练。

在这里，我不得不谈一个令人尴尬的情况——近年来，受日本高中留学热的影响，没有做好留学心理准备或留学目的不明确的留学生增多，他们中的一些人到了日本高中后，不能适应学校生活而选择自己退学，或因为屡次违反校规而被劝退、开除，诸如此类的情况屡见不鲜。

在日本高中留学并不是一件轻松的事，它意味着一个人远离故土，只身在异国他乡迎接各种挑战，心理上、学习上及生活上的问题都要靠自己解决。留学镀金的时代已经远去，日本高中留学生只有在经过千锤百炼后，才能真正体会留学的价值，为自己将来的人生打好基础。

第四章　日本高中留学之升学篇

由于日本少子化现象日趋严重和大学的扩招，日本的大学进入“全入时代”，几乎每个高中毕业生都可以考上大学，因而每年都有很多中国学子带着名校情结赴日本高中留学。究竟如何才能顺利考取日本大学呢？日本各大学的知名度、偏差值、地域、专业等又应该如何权衡呢？这些都是困扰留学生及其家长的难题。日本大学的入学考试方式有哪些？如何选择适合自己的升学方式？这些也是大家在选择日本高中留学前应提前了解清楚并做好规划的。

本章我将对日本大学的入学考试方式及日本高中留学生升学的一些常见问题进行整理总结，希望能为广大留学生提供一些有价值的参考。

一、日本大学的入学考试方式

目前，日本高中留学生可以选择的日本大学的入学考试方式有以下4种。

（一）外国人留学生入学考试

外国人留学生入学考试是日本大学专门针对留学生实施的特别入学考试（包含本科、硕士、博士入学考试）。与大学的一般入学考试相比较，此考试对于留学生来说难度相对较低。

每年的六七月份，日本各大学都会发布其招生简章，对于外国留学生一般都会实施单独考试。想要参加外国人留学生入学考试，大家就要根据各大学的招生简章的要求来准备材料，所要提交的材料也因目标院校而异，一般需要提交的材料如图4-1所示。

(1)提交日本留学考试成绩和在校期间成绩
·【文科】日语+数学1+综合科目
【理科】日语+数学2+理科(根据大学要求)
·高中三年在校期间成绩

(2)根据大学要求提交日语、英语证书
·日语证书
·英语证书(如英检、托业、雅思等)

(3)提交志愿理由书和个人简历
·报考大学专业志愿理由书
·个人简历

图4-1 参加外国人留学生入学考试需要提交的资料

外国留学生在报考日本的大学时，应先确认有无参加外国人留学生入学考试的资格，在报考资格中一般都会标明“在国外接受过12年教育”或“在日本小学、初中、高中在籍时间不超过4年(一般为3年或1年)”等。如果某大学的报考资格要求考生“在国外接受过12年教育”，那么在日本读过3年高中的留学生①就不能通过外国人留学生入学考试来报考该大学；如果某大学的招生简章上标明了“在日本小学、初中、高中在籍时间不超过4

① 不满12年，只有9年，为小学6年、初中3年。

年”,那么在日本读了3年高中的留学生就可以以留学生身份参加该大学的外国人留学生入学考试。在日本,外国人留学生入学考试的报名资格也因大学而异,留学生一定要在报考大学前把这类信息确认好。

由此可见,外国留学生能不能参加大学的外国人留学生入学考试,不仅要看其有没有拿到母国的高中毕业证,还要看其在日本接受九年义务教育和高中教育的年数。在日本读高中的外国留学生并不是只能与日本学生一起竞争,即通过参加“日本高考”来考大学,许多大学也允许他们参加外国人留学生入学考试。究竟哪些大学允许日本高中留学生毕业后参加外国人留学生入学考试呢?经过一一查证后,我整理出以下相关信息供大家查阅参考(见表4-1)。

表4-1　日本高中留学生毕业后可参加外国人留学生入学考试的大学名单

校　名	地区	性质	报名条件
星槎道都大学 せいさどうとだいがく (星槎道都大学)	北海道	私立	在日本以外的国家接受过11年教育
苫小牧驹泽大学[①] とまこまいこまざわだいがく (苫小牧駒澤大学)	北海道	私立	在日本高中毕业也可报名参加特别考试,需要提前向校方确认
北翔大学 ほくしょうだいがく (北翔大学)	北海道	私立	在日本以外的国家接受过11年教育

① 苫小牧驹泽大学将于2021年4月起更名为北洋大学(北洋大学/はくようだいがく)。

续　表

校　名	地区	性质	报名条件
青森大学 あおもりだいがく (青森大学)	青森县	私立	日本高中在籍者可参加AO入学考试
富士大学 ふじだいがく (富士大学)	岩手县	私立	接受过12年教育,日本高中毕业可
盛冈大学 もりおかだいがく (盛岡大学)	岩手县	私立	接受过12年教育,其中在日本接受教育时间不超过1年
东北工业大学 とうほくこうぎょうだいがく (東北工業大学)	宫城县	私立	接受过12年教育,其中在日本接受教育时间不超过3年
上武大学 じょうぶだいがく (上武大学)	群马县	私立	接受过12年教育,其中在日本接受教育时间不超过1年
新潟产业大学 にいがたさんぎょうだいがく (新潟産業大学)	新潟县	私立	在日本以外的国家接受过11年教育
足利大学 あしかがだいがく (足利大学)	枥木县	私立	接受过12年教育,其中在日本接受教育时间不超过3年
城西大学 じょうせいだいがく (城西大学)	埼玉县	私立	接受过12年教育,日本高中毕业可,需要提前咨询
东京国际大学 とうきょうこくさいだいがく (東京国際大学)	埼玉县	私立	接受过12年教育,其中在日本接受教育时间不超过4年
武藏野学院大学 むさしのがくいんだいがく (武蔵野学院大学)	埼玉县	私立	接受过12年教育,日本高中毕业可

续　表

校　名	地区	性质	报名条件
西武文理大学 せいぶぶんりだいがく (西武文理大学)	埼玉县	私立	接受过12年教育,其中在日本以外的国家接受过8年以上教育
丽泽大学 れいたくだいがく (麗澤大学)	千叶县	私立	接受过12年教育,其中在日本以外的国家接受过9年以上教育
神田外语大学 かんだがいごだいがく (神田外語大学)	千叶县	私立	接受过12年教育,其中在日本接受教育时间不超过1年
医疗国际福祉大学 こくさいいりょうふくしだいがく (国際医療福祉大学)	千叶县	私立	接受过12年教育,其中在日本接受教育时间不超过3年
千叶商科大学 ちばしょうかだいがく (千葉商科大学)	千叶县	私立	接受过12年教育,其中在日本接受教育时间不超过4年,需要提前确认
中央学院大学 ちゅうおうがくいんだいがく (中央学院大学)	千叶县	私立	接受过12年教育,其中在日本接受教育时间不超过1年
流通经济大学 りゅうつうけいざいだいがく (流通経済大学)	千叶县	私立	接受过12年教育,其中在日本接受教育时间不超过1年
东京情报大学 とうきょうじょうほうだいがく (東京情報大学)	千叶县	私立	接受过12年教育,其中在日本接受教育时间不超过3年
开智国际大学 かいちこくさいだいがく (開智国際大学)	千叶县	私立	在日本高中毕业的留学生需要提前向校方确认
成蹊大学 せいけいだいがく (成蹊大学)	东京都	私立	接受过12年教育,其中在日本以外的国家接受过9年以上教育(在日高中在籍时间不超过3年)

续 表

校 名	地区	性质	报名条件
专修大学 せんしゅうだいがく (専修大学)	东京都	私立	接受过12年教育,其中在日本接受教育时间不超过3年
武蔵野大学 むさしのだいがく (武蔵野大学)	东京都	私立	接受过12年教育,其中在日本接受教育时间不超过3年
立正大学 りっしょうだいがく (立正大学)	东京都	私立	接受过12年教育,其中在日本接受教育时间不超过3年
创价大学 そうかだいがく (創価大学)	东京都	私立	接受过12年教育,其中在日本接受教育时间不超过3年
亚细亚大学 あじあだいがく (亜細亜大学)	东京都	私立	接受过12年教育,其中在日本接受教育时间不超过2年
帝京大学 ていきょうだいがく (帝京大学)	东京都	私立	接受过12年教育,其中在日本接受教育时间不超过3年
拓殖大学 たくしょくだいがく (拓殖大学)	东京都	私立	接受过12年教育,其中在日本接受教育时间不超过3年
驹泽大学 こまざわだいがく (駒澤大学)	东京都	私立	接受过12年教育,其中在日本接受教育时间不超过1年
樱美林大学 おうびりんだいがく (桜美林大学)	东京都	私立	接受过12年教育,其中在日本接受教育时间不超过3年
数字好莱坞大学 だいがく (デジタルハリウッド大学)	东京都	私立	在日本以外的国家接受过11年教育

续 表

校 名	地区	性质	报名条件
大东文化大学 だいとうぶんかだいがく (大東文化大学)	东京都	私立	接受过12年教育，其中在日本接受教育时间不超过2年
立教大学 りっきょうだいがく (立教大学)	东京都	私立	接受过12年教育，其中在日本接受教育时间不超过1年
上智大学 じょうちだいがく (上智大学)	东京都	私立	接受过12年教育，其中在日本接受教育时间不超过4年
东京工艺大学 とうきょうこうげいだいがく (東京工芸大学)	东京都	私立	外国或日本高中毕业者(艺术学部)
产业能率大学 さんぎょうのうりつだいがく (産業能率大学)	东京都	私立	在日本以外的国家接受过11年教育
文教大学 ぶんきょうだいがく (文教大学)	神奈川县	私立	接受过12年教育，其中在日本接受教育时间不超过2年
女子美术大学 じょしびじゅつだいがく (女子美術大学)	神奈川县	私立	日本高中毕业可，需要进行特别审查
东海大学 とうかいだいがく (東海大学)	神奈川县	私立	接受过12年教育，其中在日本接受教育时间不超过3年
岐阜协立大学 ぎふきょうりつだいがく (岐阜協立大学)	岐阜县	私立	即将在日本高中毕业且持有留学签证者可
爱知产业大学 あいちさんぎょうだいがく (愛知産業大学)	爱知县	私立	接受过12年教育，其中在日本接受教育时间不超过3年

续 表

校　名	地区	性质	报名条件
名古屋经济大学 なごやけいざいだいがく (名古屋経済大学)	爱知县	私立	接受过12年教育,其中在日本以外的国家接受过9年以上教育,报名时在日本居住时间不超过4年
金城学院大学 きんじょうがくいんだいがく (金城学院大学)	爱知县	私立	接受过12年教育,其中在日本接受教育时间不超过6年
名古屋文理大学 なごやぶんりだいがく (名古屋文理大学)	爱知县	私立	外国国籍,需要提前确认
人间环境大学 にんげんかんきょうだいがく (人間環境大学)	爱知县	私立	接受过12年教育,其中在日本接受教育时间不超过3年
中部大学 ちゅうぶだいがく (中部大学)	爱知县	私立	接受过12年教育,其中在日本接受教育时间不超过1年
日本福祉大学 にほんふくしだいがく (日本福祉大学)	爱知县	私立	外国国籍,在日本高中毕业者可
立命馆大学 りつめいかんだいがく (立命館大学)	京都府	私立	接受过12年教育,其中在日本接受教育时间不超过3年
京都精华大学 きょうとせいかだいがく (京都精華大学)	京都府	私立	外国国籍,在日本高中毕业者可
京都造形艺术大学 きょうとぞうけいげいじゅつだいがく (京都造形芸術大学)	京都府	私立	外国国籍,在日本高中毕业者可

续 表

校 名	地区	性质	报名条件
京都外国语大学 きょうとがいこくごだいがく （京都外国語大学）	京都府	私立	接受过12年教育，其中在日本接受教育时间不超过3年
追手门学院大学 おうてもんがくいんだいがく （追手門学院大学）	大阪府	私立	接受过12年教育，其中在日本接受教育时间不超过3年
大阪学院大学 おおさかがくいんだいがく （大阪学院大学）	大阪府	私立	接受过12年教育，其中在日本接受教育时间不超过3年
大阪经济大学 おおさかけいざいだいがく （大阪経済大学）	大阪府	私立	接受过12年教育，其中在日本接受教育时间不超过3年
关西学院大学 かんさいがくいんだいがく （関西学院大学）	兵库县	私立	接受过12年教育，其中在日本接受教育时间不超过4年
大手前大学 おおてまえだいがく （大手前大学）	兵库县	私立	接受过12年教育，其中在日本接受教育时间不超过3年
神户亲和女子大学 こうべしんわじょしだいがく （神戸親和女子大学）	兵库县	私立	在日本以外的国家接受过11年教育
流通科学大学 りゅうつうかがくだいがく （流通科学大学）	兵库县	私立	接受过12年教育，其中在日本接受教育时间不超过3年
神户学院大学 こうべがくいんだいがく （神戸学院大学）	兵库县	私立	接受过12年教育，其中在日本接受教育时间不超过3年
神户艺术工科大学 こうべげいじゅつこうかだいがく （神戸芸術工科大学）	兵库县	私立	外国国籍，在日本高中毕业者可

续 表

校 名	地区	性质	报名条件
神户国际大学 こうべこくさいだいがく （神戸国際大学）	兵库县	私立	外国国籍，在日本高中毕业者可
天理大学 てんりだいがく （天理大学）	奈良县	私立	接受过12年教育，其中在日本以外的国家接受过9年以上教育
冈山商科大学 おかやましょうかだいがく （岡山商科大学）	冈山县	私立	接受过12年教育，其中在日本接受教育时间不超过3年
冈山理科大学 おかやまりかだいがく （岡山理科大学）	冈山县	私立	接受过12年教育，其中在日本接受教育时间不超过3年
仓敷艺术科学大学 くらしきげいじゅつかがくだいがく （倉敷芸術科学大学）	冈山县	私立	接受过12年教育，其中在日本接受教育时间不超过3年
广岛经济大学 ひろしまけいざいだいがく （広島経済大学）	广岛县	私立	接受过12年教育，其中在日本接受教育时间不超过3年
九州国际大学 きゅうしゅうこくさいだいがく （九州国際大学）	福冈县	私立	接受过12年教育，其中在日本以外的国家接受过8年以上教育
九州产业大学 きゅうしゅうさんぎょうだいがく （九州産業大学）	福冈县	私立	接受过12年教育，其中在日本以外的国家接受过8年以上教育
日本经济大学 にほんけいざいだいがく （日本経済大学）	福冈县/东京都	私立	接受过12年教育，持有留学签证者可
中村学园大学 なかむらがくえんだいがく （中村学園大学）	福冈县	私立	接受过12年教育，其中在日本以外的国家接受过8年以上教育

续　表

校　名	地区	性质	报名条件
西南学院大学 せいなんがくいんだいがく （西南学院大学）	福冈县	私立	接受过12年教育，其中在日本以外的国家接受过8年以上教育
熊本学园大学 くまもとがくえんだいがく （熊本学園大学）	熊本县	私立	接受过12年教育，其中在日本以外的国家接受过8年以上教育
崇城大学 そうじょうだいがく （崇城大学）	熊本县	私立	接受过12年教育，其中在日本以外的国家接受过8年以上教育
立命馆亚洲太平洋大学 りつめいかん　たいへいようだいがく （立命館アジア太平洋大学）	大分县	私立	外国籍学生参加国际学生选拔考试
高知县立大学 こうちけんりつだいがく （高知県立大学）	高知县	公立	接受过12年教育，其中在日本以外的国家接受过9年以上教育（限社会福祉学科）
县立广岛大学 けんりつひろしまだいがく （県立広島大学）	广岛县	公立	外国国籍，需要提前确认
国际教养大学 こくさいきょうようだいがく （国際教養大学）	秋田县	公立	参加高校留学生考试
山梨大学 やまなしだいがく （山梨大学）	山梨县	国立	接受过12年教育，其中在日本接受教育时间不超过3年
静冈大学 しずおかだいがく （静岡大学）	静冈县	国立	接受过12年教育，其中在日本接受教育时间不超过3年

注：笔者根据2019年各大学的招生简章整理。

报名参加各大学的外国人留学生入学考试的基本流程是：确认是否有报考资格→根据大学的要求提交材料→材料审查→参加大学校内考试（笔试、面试）。外国人留学生入学考试一般都会有面试，另外根据学校和专业的不同还可能会增加日语小论文考试或英语考试。理科类专业的话，一般还会增加物理、化学、生物等科目的校内考试。

在向大学提交的材料中，最被重视的就是日本留学考试的成绩。这项考试只要是外国人，就都可以在日本报名参加（中国香港和韩国也设有考场），没有其他特别的限制。

总之，日本大学专门针对留学生实施的特别入学考试难度相对较低，中国留学生一般都会首选参加外国人留学生入学考试。但是，近年来随着赴日留学生数量的增加，参加此类考试的人数日渐增多，竞争也变得激烈起来。

在日本，想考入名校比的不仅仅是考生的笔试分数，还有考生的信息收集能力、表达能力和心理素质。外国人留学生入学考试的流程也比较复杂，留学生不仅要参加笔试，还要亲自到大学去参加校方单独举行的校内考试。因此，考生在笔试和面试上都要颇下一番功夫。

日本大学的外国人留学生入学考试的报名和考试时间为每年的6月到次年的3月，具体时间因大学而异。每年的10—12月是全日本私立大学的外国人留学生入学考试集中时间。与之相对，国公立大学的外国人留学生入学考试时间则多集中在每年的1—3月。

(二)综合型选拔[①](AO入学考试)

除了可以参加日本大学专门针对留学生实施的外国人留学生入学考试外,留学生可以参加的考试还有AO入学考试(以下简称“AO考试”)。那么,AO考试究竟是个怎样的考试呢?

AO是英语“Admissions Office”(“招生办公室”)的缩写,AO考试是日本大学从20世纪90年代开始参照美国大学考试制度而施行的考试。简而言之,AO考试就是大学不单一偏重考生的学习成绩,而是把考生学习成绩以外的才能和个性也作为评判录取标准的考试。大学会把考生在高中期间的学习成绩、社会实践经验、报考志愿的动机等作为评分项,因此AO考试是一项综合型选拔。

AO考试类似于中国国内大学的艺术考试。在艺术、文化、体育方面有特长,在学术或社会活动上取得过一定的成果,甚至对于某一社会课题或科学课题感兴趣并进行过自由研究的考生都有其适合的AO考试。AO考试是一种有别于传统考试的创新考试方式,日本各大学都在积极地导入这种考试方式,现在有接近98%的大学设有AO考试,且某些私立大学有近7成的大一新生是通过AO考试入学的。

日本著名的私立大学早稻田大学从2000年开始导入AO考试,在日本的大学中,它就是采用AO考试比较成功的例子。自2018年起,早稻田大学的全部学科都导入了AO考试,今后通过AO考试录取学生的比例还会不断上升。早稻田大学还对通过

① 2020年4月开始,AO入学考试改称综合型选拔。

AO考试入学的学生进行了跟踪调查,结果显示:通过AO考试录取的学生的表现普遍比通过一般入学考试录取的学生要好。这可能与AO考试较一般考试形式更加灵活的特点有关,大学可以通过该考试方式选拔出综合素质更好的学生。

除私立大学外,日本国公立大学也导入了AO考试,且2018年通过AO考试考入国立大学的新生人数占全体新生的3.7%。然而,因AO考试不太重视学生的文化课成绩,故很多大学生的学习能力较弱,这也饱受整个日本社会的诟病。为确保学生的学习能力,日本文部科学省正式制定了"高中生基础学力考试"制度,以进行"高中生学习能力基础诊断"。而东京大学、京都大学、九州大学、筑波大学等日本名校为了保证通过AO考试入学的学生与全国统一大学升学考试入学的学生具有相当的学习能力,逐渐开始要求考生提交中心考试的成绩。

另外要注意的是,很多大学的AO考试是专愿(不能再报考其他学校和专业),一旦考生在该校的AO考试中合格,就不能再去报考其他大学了。

日本各大学都是根据自身的教育方针来制定AO考试政策的,参照各大学的AO考试招生简章,符合条件的留学生可以报考。从2020年4月开始,AO考试更名为综合型选拔,报名开始时间从每年的8月1日调整至9月1日,成绩公布时间延至11月后。

(三)学校推荐型选拔[①](推荐入学考试)

学校推荐型选拔对应到中文里,最贴切的词应该是大学保

① 2020年度4月开始,推荐入学考试改称学校推荐型选拔。

送制度，与AO考试较为相似，它重视的不是考生的一次考试成绩，而是考生高中阶段的日常表现和平时成绩，该考试也被称为推荐入学考试(以下简称“推荐入试”)。推荐入试分为指定校推荐入试和公募推荐入试，两者的共同特点是都偏重学生高中阶段的日常表现和平时成绩，学生的日常表现和平时成绩在得到其所在高中的认可后由学校向大学提交推荐信。大学先对被推荐的学生进行材料审查，之后再通过小论文考试或面试来判定其是否合格。

参加指定校推荐入试的考生只能报名参加与其在读高中签订了合约的大学，而且通过率基本是100%。如果参加指定校推荐入试的申请人数过多的话，考生所在高中会先在校内进行选拔。高中会把学生从高一到高三的考试成绩量化为评定分，一般的高中都会按照评定分来选拔要推荐的学生。对于指定校推荐入试，校内选拔工作一般由学生所在高中的班主任负责，因此除成绩外，学生的日常表现也是一个重要的参考标准。因为学校推荐的学生代表的是学校的形象，所以在指定校推荐入试合格之后不能修改志愿，且必须要去该大学就读，否则要承担相应的法律责任。

一般情况下，规模较大或者历史较久的日本高中拥有的指定校推荐大学数量也较多。选择靠自己的实力考大学，还是选择指定校推荐入试，以及具体选择哪所大学的哪个专业也是令考生们犯难的事情。在选择指定校推荐入试之前，高三考生一定要提前了解自己高中三年的评定分，关于是否有希望申请到心仪的大学，还要事先征求一下班主任的意见。指定校推荐入试的申请时间是在每年的9—10月，如果在申请阶段没能申请到自己满意的大学和专业，学生也可以凭自己的能力通过其他方式去考大学。

公募推荐入试又叫自我推荐入试、一般推荐入试，也是各大学单独举行的考试。只要满足大学要求的条件，任何高三学生都可以报名参加公募推荐入试。公募推荐入试的对象一般是在俱乐部活动及比赛中取得突出成绩或者考试成绩（如英语）突出的学生，他们在得到校长或班主任的推荐后就可以报名参加此考试。大学一般都是在材料审查后对学生进行面试，以及追加小论文考试等。有一点需要说明一下，公募推荐入试的录取率要远低于指定校推荐入试。当然，公募推荐入试的录取率也因大学的不同而有高有低。一些综合实力较弱的大学为了招揽生源，录取率一般都比较高。与之相对，综合实力较强的名校的竞争就非常激烈，他们对学生综合素质的要求也更高。公募推荐入试的优点是可以报考的大学较多，考生的选择余地也较大。

近年来，日本很多私立大学为了提高自身的偏差值，大多开设了AO考试和推荐入试。也许大家会感到疑惑，AO考试和推荐入试都不太看重学生的文化课成绩，怎么能提高偏差值呢？因为私立大学一般都非常在意其在每年的大学偏差值排行榜上的排名，排名太靠后就会影响其招生数量和质量。在通过AO考试和推荐入试确保有一定生源之后，大学就会相应地提高一般入学考试的难度，这样一来，新生的总体质量就会提高，对于大学来说，可谓一举两得。所以，这两种考试方式不仅可以直接确保生源，还可以间接地提高学生质量。当然，大学也需要确保参加推荐入试的学生的学习能力，因此越来越多的大学开始增设附加笔试或让学生提交中心考试的成绩。

(四)一般选拔[①](一般入学考试)

一般选拔也被称作一般入学考试,是日本最常见的大学考试方式,完全依靠考试分数来决定学生能否进入其所报考的大学。虽然参加一般入学考试需要同日本学生一起竞争,但是日本高中留学生中通过此方式顺利考上日本知名国公立大学的也不乏其人。

中心考试时间是在每年的1月。国公立大学的一般入学考试是在中心考试成绩公布之后的2月,而私立大学的一般入学考试时间因学校而异,一般是在12月中旬到次年3月报名,从1月下旬到3月下旬陆陆续续举行考试。

日本国公立大学的一般入学考试大多分为2次,第1次使用的是中心考试的成绩,第2次使用的是在学生的材料审查合格之后于当年的2月25日和26日单独举行的考试的成绩。日本文部科学省规定:日本高中在校生参加一般入学考试只能报考一所国公立大学(同一期),国公立大学一般入学考试分为3期(一期、中期、三期),只有A大学的一期不合格,才可以报考B大学的中期。举个例子,虽然考生在报考东京大学的一期的同时不能报考京都大学的一期,但是如果东京大学的一期未合格,则可以报考京都大学及其他国公立大学的中期。理论上,留学生不仅可以参加外国人留学生入学考试,还可以参加日本的国公立大学的一般入学考试。

日本私立大学的一般入学考试则相对自由,只要考试时间

① 2020年4月开始,一般入学考试改称一般选拔。

不冲突，考生就可以同时报考多所私立大学。私立大学的一般入学考试大多也使用中心考试成绩，没有单独的面试。私立大学和国公立大学在考试科目上差不多，文科多是“外语+语文+数学+地理/历史/公民（3选1）”，理科则是“英语+数学+物理/生物/化学（3选1）”。近年来，只考2个科目的私立大学有所增加，校方更为重视学生的专业相关科目的成绩。由于备考科目不多，也有不少日本高中留学生会选择参加一般入学考试。

日本国公立大学的一般入学考试大多是在1月下旬到3月上旬举行，成绩公布时间也大多是在2—3月。如果3月份还没有被大学录取的话，留学生的新学年（4月份后）留学签证就无法更新，这在时间上对留学生较为不利。因此，我建议参加一般入学考试的日本高中留学生在报考日本国公立大学的同时，至少再报考一所私立大学来保底，以此来降低风险。

日本政府从2020年开始推行大学考试改革，除了将把一般入学考试更名为一般选拔、AO考试更名为综合型选拔、推荐入学考试更名为推荐型选拔外，还将在2021年1月废除中心考试，启用大学入学共通考试（大学入学共通テスト/だいがくにゅうがくきょうつうテスト）。

一般选拔在中心考试的基础上还将进一步考察考生的英语水平，在英语科目出题上也将更加灵活。综合型选拔（AO考试）与学校推荐型选拔（推荐入试）将在重视学生的个性和特长的基础上，兼顾学生的学习能力，小论文和大学入学共通考试的成绩也将会被作为审查标准。表4-2比较了4种日本高中留学生可以选择的大学入学考试方式及其注意事项。

表4-2 4种大学入学考试方式及其注意事项

考试方式		考试形式	注意事项
外国人留学生入学考试		①日本留学考试成绩+面试 ②日语等级+面试 ③校内考试+面试 ④笔试单独选考	①私立大学面试重视口语，即便笔试成绩拿到高分也有不录取的情况 ②日语成绩备受重视，多数学校要求考生的日本留学考试日语单科成绩在220分以上，或日本语能力测试N2合格才有报考资格 ③重点大学多需提交英语成绩
综合型选拔		课题+面试	往往被留学生忽视的考试，有特长（如英语等）的学生可以考虑参加
学校推荐型选拔	指定校推荐入试	在校期间综合表现+面试	①对于留学生的日语要求较为严格，口语和听力不好也可能会落选 ②增设附加笔试的大学有增多的趋势 ③合格之后不可以取消
	公募推荐入试		
一般选拔		使用中心考试成绩	基本全依靠笔试成绩，一般没有面试（国立大学的2次考试中有面试）

日本高中留学生在高二阶段就要决定到底选择哪种考试方式来考大学了。对于留学生来讲，参加日本政府统一组织的一般选拔考试的难度最大。相对而言，留学生以留学生的身份来报考大学较为有利。至于偏科或有特长的留学生，则可以考虑选择AO考试这一方式。

当然，在选择大学和备考时，刻意回避或减少一些考试科目而想轻轻松松考入大学的想法并不可取，毕竟考入一所综合实力和社会评价都不错的大学绝非易事。留学生应该认真学习高中阶段的各科知识，多进行自我分析，考虑清楚自己想在什么大学学习什么专业，以及将来的职业规划。

二、选择日本大学和专业时的注意事项

留学生家长一般对日本的大学和社会状况都不是很了解，当孩子在留学过程中遇到疑问时，他们往往是有心无力，在升学方面更是无法给予孩子有针对性的指导。

中国国内有“七分成绩定，三分志愿拼”的说法，填报志愿就相当于考生的第二次高考。中国考生是知分填志愿，而且还有调剂[①]的机会。志愿填得好，也是有机会被好学校录取的。

与中国不同，留学生在日本大学的主要升学方式是“先报名，再考试”，即先向目标院校提交成绩和资格证书等材料，然后在资格审查合格后到大学参加校内考试。一般不能同时填报多个志愿，且很少有调剂的机会。所以在日本，一旦在志愿填报上

---

① 填报志愿时，勾选“服从调剂”即可。

出现失误，留学生报考前后的努力都将白费。如果不事先想好要报考的学校和专业，就没法备考。因此，大家要尽早做好升学规划。

哪所大学好？哪些专业不错？选择大学和专业是令考生及其家长最为头疼的事情之一。日本目前有787所大学，日本政府并没有像中国国内一样划分出“985”“211”等重点大学，这就让不熟悉情况的留学生难以区分出重点大学及重点学科，因而有不少留学生是看大学的偏差值和社会评价来报考大学的。在日本民间一直有“旧帝大”[①]“早庆上理”[②]“MARCH”[③]“关关同立”[④]等说法，这些大学是社会公认的名校，人气也较高。因而每年报考这些大学的考生总是挤破了门槛，竞争相当激烈。那么，要想在竞争中胜出，留学生在选择大学和专业时要注意哪些呢？

（一）大学的偏差值与排名

对于选择报考哪所大学的哪个专业，日本学生及其家长也多是看偏差值和社会评价的。日本的杂志社或教育培训机构每年都会公布各大学各专业的偏差值排行榜，这个排行榜也成了考生及其家长择校的重要参考标准。但是值得注意的是，这里说的偏差值并不是指该大学的水平分值，而是指该大学合格考生的学习水平的估值，偏差值排行榜也就是各大学各专业考试

① “旧帝大”指东京大学、京都大学、东北大学、九州大学、北海道大学、大阪大学、名古屋大学。
② “早庆上理”指早稻田大学、庆应义塾大学、上智大学、东京理科大学。
③ “MARCH”指明治大学、青山学院大学、立教大学、中央大学、法政大学。
④ “关关同立”指关西大学、关西学院大学、同志社大学、立命馆大学。

难易度的排行榜。考生一般可以用自己的模拟考试成绩比照目标大学专业的偏差值来报考大学。

首先,大学在偏差值排行榜上的排名并不能完全代表大学的教学质量,优等生也未必都聚集在偏差值高的大学里。举个例子,在大学文科类专业里,东京大学的法学部的偏差值最高,其次是京都大学的法学部,但是不能简单地下结论说东京大学法学部的学生都比京都大学法学部的学生水平要高。为什么这么说呢?因为学生在报考大学时也可能会考虑地域等其他因素。同时,偏差值可以说是大学的人气榜,每年都会有所变化。考生不能单纯地因为哪所大学哪个专业偏差值高就选择它,还要看其是否适合自己。此外,各大学各专业的偏差值排行榜通常是针对日本学生的,对留学生未必适用。

其次,如今大学偏差值的可信度越来越低,不能仅靠偏差值的高低来选择大学。偏差值确实在大学升学历史上曾发挥过很大的作用,过去的考生及其家长多是参考偏差值来选择大学的,而今时已不同往日了。同时,近年来大学的入学考试方式变得多样化,很多私立大学依靠AO考试和推荐入试来维持生源,甚至有的大学有半数以上的新生是通过AO考试或推荐入试入学的。这样一来,在新生生源有保证的前提下,大学就可能会人为地操作调高一般入学考试的偏差值。

基本上日本的每所大学都有其招牌专业,招牌专业对于大学本身而言也是象征性的存在。如早稻田大学的政治经济学部、庆应义塾大学的经济学部、中央大学的法学部……在日本都是众所周知的。但是从大学的网站和宣传册来看,各大学的介绍性信息往往都极为相似,从中看不出该大学的重点学科,导致不熟悉日本社会现状的留学生及其家长难以做出判断和选择。

一所大学的受欢迎程度受多种因素影响，如就业率、大学位置、校园环境等，招生广告也在一定程度上影响着大学的招生。考试费还是日本私立大学财政收入的重要来源之一，日本私立大学学生一年的人均考试费为3万日元，假设一年有1万名考生，那么光是考试费的收入就有几亿日元。所以，很多日本私立大学在招生广告的投入上是毫不吝啬的。日本很多大学为吸引更多的考生报名从而增加考试报名收入，最常用的一招就是新设学部学科。新设的学部学科往往从名字上看感觉很吸引人，可其实力究竟如何，留学生们并不清楚。在选择大学和专业时，还是要综合考虑该大学的历史、现状、今后的发展状况等。一些大学为博考生眼球，往往会把新设学科的名字起得很贴近时代特征并以此来混淆视听。记得有一位留学生曾经找我商量报考专业的事，他想学的是商业心理学，我在与他交谈的过程中发现他并不是对心理学感兴趣，而是对商学感兴趣。我把我的理解跟他确认后，很快他就明确了自己想要报考的专业，改报商学科了。

因此，我建议学生在选择大学和专业时，切勿过于看重大学的偏差值与排名，而要看该大学和专业的综合实力、学生的学术能力，以及毕业生的就业率等。

（二）大学在籍留学生数量排名

近年来，日本大学的主要“客户”——18周岁的日本高中应届毕业生（日本人）的数量在持续减少。1992年18周岁的日本高中应届毕业生超过200万人，到2018年只有118万人，减少了近一半。若按照每年减少1.5万人的速度来估算，到2030年则只有100万人。另根据日本文部科学省的统计数据，预测到2040年18周岁的日本高中应届毕业生只有80多万人。

对于高中应届毕业生在逐年减少这一情况，很多大学不得不降低对学生的偏差值要求，大学的整体学生质量也随之下降。为保证学生质量，很多大学不得不通过招收优秀的外国留学生来平衡偏差值。日本各大学在籍留学生数量排名如表4-3所示。

表4-3　日本各大学在籍留学生数量排名

校　名	性质	留学生人数/人
早稻田大学 わせだだいがく （早稲田大学）	私立	5412
东京福祉大学 とうきょうふくしだいがく （東京福祉大学）	私立	5133
东京大学 とうきょうだいがく （東京大学）	国立	3853
日本经济大学 にほんけいざいだいがく （日本経済大学）	私立	3348
立命馆亚洲太平洋大学 りつめいかん　たいへいようだいがく （立命館アジア太平洋大学）	私立	2867
大阪大学 おおさかだいがく （大阪大学）	国立	2480
筑波大学 つくばだいがく （筑波大学）	国立	2457

续　表

校　名	性质	留学生人数/人
立命馆大学 りつめいかんだいがく （立命館大学）	私立	2446
京都大学 きょうとだいがく （京都大学）	国立	2387
九州大学 きゅうしゅうだいがく （九州大学）	国立	2313
北海道大学 ほっかいどうだいがく （北海道大学）	国立	2101
东北大学 とうほくだいがく （東北大学）	国立	2087
名古屋大学 なごやだいがく （名古屋大学）	国立	1981
庆应义塾大学 けいおうぎじゅくだいがく （慶応義塾大学）	私立	1908
东京工业大学 とうきょうこうぎょうだいがく （東京工業大学）	国立	1689
广岛大学 ひろしまだいがく （広島大学）	国立	1659
明治大学 めいじだいがく （明治大学）	私立	1506
同志社大学 どうししゃだいがく （同志社大学）	私立	1397

续 表

校 名	性质	留学生人数/人
上智大学 じょうちだいがく （上智大学）	私立	1395
东洋大学 とうようだいがく （東洋大学）	私立	1375
神户大学 こうべだいがく （神戸大学）	国立	1304
日本大学 にほんだいがく （日本大学）	私立	1277
日本保健体育大学 にほん　だいがく （日本ウェルネススポーツ大学）	私立	1275
城西国际大学 じょうさいこくさいだいがく （城西国際大学）	私立	1210
拓殖大学 たくしょくだいがく （拓殖大学）	私立	1067
关西大学 かんさいだいがく （関西大学）	私立	1060
法政大学 ほうせいだいがく （法政大学）	私立	1029
东京国际大学 とうきょうこくさいだいがく （東京国際大学）	私立	991
横滨国立大学 よこはまこくりつだいがく （横浜国立大学）	国立	973

续　表

校　名	性质	留学生人数/人
千叶大学 ちばだいがく （千葉大学）	私立	964

注：笔者根据2018年JASSO调查数据整理。

由表4-3可见，早稻田大学就是一个靠招收外国留学生来维持在校生质量的典型例子，2018年该校的留学生数量也是日本大学当中最多的。留学生总数排在第三的是东京大学，该校的留学生数量虽然多，但主要为硕士研究生和博士研究生，本科生占的比例并不大。事实上，日本大学生读研、读博的风气远远没有中国国内盛行，大多数日本大学生在毕业后首先是去找一家好的企业就业，因为日本企业内部还是保留着论资排辈（按照进公司早晚的顺序）的传统。东京大学的学术氛围浓厚，科研条件优越，吸纳了众多外国人才。高端国际人才的加入，也提升了东京大学的国际影响力和科研能力。

不少留学生不喜欢去在籍留学生太多的大学。但是我认为大学留学生的人数与大学综合实力并无必然联系，一些留学生人数较多的大学反而对留学生的学习和生活的支援更加充分，如减免留学生学费、设置留学生奖学金、提供留学生住房担保等。近年来，许多大学还成立了专门的部门对留学生提供就业指导和帮助，很多留学生以此为契机于大学毕业后选择留在日本就业。

此外，在招收留学生方面，大学也会重视多样性，即注重留学生出身国家的多样性，因此人数众多的中国留学生和越南留学生考入日本大学的难度就比其他国家留学生要高。在日本，随着针对中国留学生的补习班的增多，越来越多的读语言学校的留学生参加了日本留学考试补习班的辅导，这样直接导致中国留学生的日本留学考试整体分数不断攀升，中国留学生之间的升学竞争也更为激烈。

（三）留学生比例

虽然日本少子化现象日趋严重，但是日本大学的数量在持续增加。截止到2018年底，日本共有787所大学，而在1989年日本只有499所大学，30年间日本增加了近300所大学。这种不平衡直接导致现在有接近45%的大学招生招不满，因经营困难而倒闭的大学也渐渐增多。在这一点上，日本与中国台湾很相似，中国台湾只有2000万人口，却有170所大学，几乎每所大学都是“吃不饱”的状态。

在2008年，日本政府推出的“30万留学生计划”[①]吸引了大量外国人才，这不仅解决了日本大学的生源问题，还提高了其国际化水平。如今，日本几乎每所大学都有招收留学生的名额，留学生的数量已成为评价大学的国际化水平的一个重要标准。目前，日本平均每所大学的留学生人数占全体在校生人数的8%以上，甚至有些大学的留学生比例在50%以上。

日本政府从2010年开始给积极招收留学生的大学发放补贴

① 2008年1月，日本时任首相福田康夫在169次国会施政演说中首次提出至2020年接收“30万留学生计划”。该计划于当年7月正式被定为日本新留学政策。

（把留学生学费减免金额的10%作为补贴发放给大学），这一举措也进一步调动了大学招收留学生的积极性。同时，地方政府也会根据在校生人数相应地给予大学一些税务上的减免或财政上的补助。

2019年1月，日本学生支援机构（JASSO）公开的数据显示，截至2018年5月1日，共有298980名留学生在日本的大学或语言学校学习。其中中国留学生最多，有114950人，占全体留学生人数的38.4%。接下来依次是越南留学生（72354人），尼泊尔留学生（24331人），韩国留学生（17012人），等等。

大张旗鼓地招收留学生的大学，大多是为了吸引更多的人才，提高大学的国际化水平。当然，其中也不乏单纯地为了解决经营问题的大学，这类大学招收的留学生比例一般较大，考生在选择时就要特别小心了。虽然留学生人数多的大学可能会对留学生更加照顾，但留学生比例过大的大学的偏差值和社会评价很可能是不理想的。参照朝日新闻社公布的2019年大学排行榜的相关数据，我整理出了日本的留学生比例较大的一些大学，如表4-4所示。

表4-4　留学生比例较大的日本大学

校　名	学生数/人	留学生数/人	留学生比例/%
至诚馆大学 しせいかんだいがく （至誠館大学）	940	812	86.4
爱知文教大学 あいちぶんきょうだいがく （愛知文教大学）	301	192	63.8

续 表

校 名	学生数/人	留学生数/人	留学生比例/%
立命馆亚洲太平洋大学 りつめいかん たいへいようだいがく （立命館アジア太平洋大学）	5562	2669	48
铃鹿大学 すずかだいがく （鈴鹿大学）	408	187	45.8
新潟产业大学 にいがたさんぎょうだいがく （新潟産業大学）	457	158	34.6
神户国际大学 こうべこくさいだいがく （神戸国際大学）	1699	488	28.7
四日市大学 よっかいちだいがく （四日市大学）	782	213	27.2
松本齿科大学 まつもとしかだいがく （松本歯科大学）	586	159	27.1
德山大学 とくやまだいがく （徳山大学）	1053	247	23.5
东亚大学 とうあだいがく （東亜大学）	756	171	22.6
冈山商科大学 おかやましょうかだいがく （岡山商科大学）	1480	320	21.6
名古屋经济大学 なごやけいざいだいがく （名古屋経済大学）	2009	432	21.5
东日本国际大学 ひがしにほんこくさいだいがく （東日本国際大学）	618	130	21

续　表

校　名	学生数/人	留学生数/人	留学生比例/%
大阪经济法科大学 おおさかけいざいほうかだいがく (大阪経済法科大学)	2961	525	17.7
北陆大学 ほくりくだいがく (北陸大学)	2059	357	17.3
西日本工业大学 にしにほんこうぎょうだいがく (西日本工業大学)	1437	233	16.2
东京福祉大学 とうきょうふくしだいがく (東京福祉大学)	3875	629	16.2
城西国际大学 じょうさいこくさいだいがく (城西国際大学)	5683	854	15
明海大学 めいかいだいがく (明海大学)	3942	538	13.6
东京国际大学 とうきょうこくさいだいがく (東京国際大学)	6581	767	11.7
大阪产业大学 おおさかさんぎょうだいがく (大阪産業大学)	8089	906	11.2
青森中央学院大学 あおもりちゅうおうがくいんだいがく (青森中央学院大学)	1051	109	10.4
长崎国际大学 ながさきこくさいだいがく (長崎国際大学)	2195	224	10.2
环太平洋大学 かんたいへいようだいがく (環太平洋大学)	2473	244	9.9

注:笔者根据2018年各大学数据整理。

（四）留级和退学率

一些留学生在选择大学和专业时，只是草率地看该大学的偏差值或是单纯看专业名称，并未做深入的了解，从而在实际入学后才发现自己就读的大学和专业与自己预想的大相径庭。这样的例子不胜枚举，如有的留学生认为经营学科是文科，结果进入大学后才发现所学专业和自己并不擅长的数学密切相关。每年留学生中因选错专业而提不起学习兴趣致使考试不合格，拿不到学分而留级的大有人在。

日本大学施行的也是学分制，一门课是2个学分，一般大学4年必须要修满124个学分。无论是必修课还是选修课，只要考试不合格就拿不到该门课的学分。在日本的大学里，留级或退学现象并不少见，尤其是留学生。有一项调查显示，私立大学的留学生的平均退学率竟然高达16.7%，留学生留级现象也是屡见不鲜。

因此，留级率和退学率也是学生在选择大学时必须要注意的事项。2018年的统计数据显示，早稻田大学各学部的平均留级率是19.1%，政治经济学部的留级率尤其突出，高达21.3%，留级人数为183人。

当然，留级并不一定是因为考试成绩不合格，也有海外留学和就业的原因。近年来，日本的大学鼓励学生在校期间去海外留学，由于较多的海外学校互不承认学分，因此有不少大学生为了去海外留学而主动选择留级。还有一种留级是为了就业，日本大学生一般都是在毕业之前把工作找好，然后在4月份毕业后进入公司工作，毕业之后再找工作的话不仅会错过公司的统一招聘时间,而且自身能力也会被质疑。因此,一些在校期间找不到合适工作的大学生会选择留级,等着与下一届毕业生一起找工作。

另外,大学里是否有针对留学生的日语强化课程或学习与就业指导,也都直接影响着留学生在大学里的学习生活体验及能否顺利毕业,这些都需要学生在选择大学时调查清楚。

(五)私立大学的运营状况

为应对危机,许多运营状况不佳的私立大学开始积极地招收外国留学生。靠招收留学生度过危机的典型例子就是日本经济大学,该大学财团原本运营着日本九州福冈县一所名不见经传的职业学校和地方大学,由于经营和管理不善,职业学校宣告倒闭。之后,该大学为寻求出路在东京设立了教室,其用较低的学费吸引了众多留学生入学。第一年入学的新生有960人,其中日本学生只有12人。2020年,日本经济大学的留学生数量居日本第二位,仅次于早稻田大学。

在日本,学生数量超过12000人的大学就算超大规模了,如早稻田大学、立命馆大学、近畿大学等,这类大学一般都资金雄厚,不愁招生。这类超大规模的大学只占到私立大学总数的5%,而大规模的私立大学(学生在8000人以上)和中规模的私立大学(学生在4000人以上)分别占到私立大学总数的5%和13%。

事实上,只要是在大都市,学校在经营上就一般不会有什么大问题,真正值得警惕的是在二三线城市且学生不足1000人的小规模大学,如果没有自己的经营特色,一旦在招生上出现问题，就很容易倒闭。在日本，容易倒闭的大学一般有以下几个特点：

(1)入学难度低(偏差值排名靠后的大学)，缺乏知名度；

(2)建校历史较短(尤其是1990年后建校的)；

(3)规模较小、学生人数较少(500人以下的大学尤其要注意)；

(4)变更过校名；

(5)女子大学。

大家可以参考以上几个特点，在调查清楚大学背景后再慎重择校。

三、实际考察大学时的注意事项

留学生及其家长在报考大学前有一个容易忽视的重要环节，那就是实地参观考察大学。日本的大学每年都会有「オープンキャンパス」，翻译成中文就是“校园开放日”，也叫“体验入学日”。日本国公立大学的校园开放日一般是在暑假期间(7—8月)。较之日本国公立大学，日本私立大学的校园开放日则更多，春季到夏季(3—8月)一般都会有。

当然，所有的日本大学平时都是对外开放的，不需要身份证明就可以进入校园，除教室和实验室之外，都是可以自由参观的。校园开放日则是大学为了让考生能够了解大学基本情况和体验大学生活而举行的特殊宣传活动，不仅有各种各样的体验活动，还有模拟课程及面谈等。很多高三学生及其家长都会选择在学校开放日去参观大学，实地考察校园环境，亲身体验校园文化。

那么，在实际参观大学的过程中需要特别注意哪些事情呢？

（一）网络上查不到的信息

考生一定要在第一志愿大学的校园开放日去亲身体验一下该大学的校园文化，这还可能有利于日后大学入学考试的面试。任何大学对其校园开放日都非常重视，通常情况下，大学校长及其他校领导都会参加开幕式，并进行一个基调演讲。大家可能会说，领导讲话无非是一些空话套话，不听也无妨。这种态度是不可取的。校长作为大学的代表，演讲内容一定会涉及大学的历史、教育方针和理念，我们可以直接从他的话语中感受到该校的校风。此外，其他校领导的讲话是对大学特点最好的总结。考生可以在志愿理由书上或面试中引用或提及校长及其他校领导的演讲内容，这既能间接说明自己是一个认真的学生，又可以证明自己对这所大学有足够的了解，以及自己报考的决心。

校园参观是校园开放日的主要项目，一般情况下都是由该大学的在校生带领着参观校园的。留学生运气好的话，还能碰到中国留学生前辈，与来自同一个国家的年龄相仿的人交流起来也更加方便。大家可以趁机了解一下前辈们的报考经验或入学后的体验等，尤其是自己关注的而网络上查不到的信息。

（二）体验课程

日本大学老师是如何上课的？自己实际会对哪些学科感兴趣呢？这些想必也都是大家所关心的问题。参加体验课程往往可以切身感受大学课堂氛围，了解大学教学方式，这对自己将来择校也是一个重要的参考。

在体验课上,大学老师一般会讲解专业课的入门知识。虽说是入门知识,但很多学生可能会听得一知半解。这里我建议大家在去听体验课的时候带上一个笔记本,记下授课老师的名字,以及该课的主要内容。因为很有可能该授课老师就是你日后的面试官。大家一定要整理好在大学校园开放日获得的第一手资料,因为这不但可以为写志愿理由书提供参考,而且在实际面试之前拿出来温习一下可能会有事半功倍的效果。

(三)报考资料和校内考试历年真题

报考资料一般在大学的校园开放日可以直接领到,但是要想找到该校校内考试的历年真题可就要费一点功夫了。很多日本私立大学有针对留学生的校内考试,如果不知道考试大纲和题型,考生在备考时就会无从下手。虽然很多大学的校内考试的历年真题是不对外公开的,但是有一部分在学校图书馆是可以查到并且可以复印的。

这些资料的取得来之不易,大家拿到后一定要好好研读,认真备考。

(四)交通路线与上学时间

大学网站的地址一栏里经常会标注距离学校最近的车站到大学的路程,如步行7分钟的路程等。但实际上,有时候网站上写的是7分钟,而亲自试走时可能会花掉20分钟。有的大学是在山上,步行的时间不能按照平地来计算。有的大学虽然有班车,但下雨时排队等待的时间经常会超出预计。此外,还有的大学有多个校区,学生入学后可能在多个校区都有课,条件允许的话，我建议大家最好也能确认一下多个校区间的移动时间。

在大学的校园开放日参观校园益处多多，可以帮助考生快速了解大学的办学历史和教学特点、社会评价和就业状况、报考资料和历年真题、居住环境和周围设施等信息，考生在参观时一定要做好记录。当然，如果没能在校园开放日参观校园，那么在平时或者休息日参观校园也可以看到大学的日常状态，获得最真实的第一手信息。

四、如何选择大学专业

在日本读大学的中国留学生大多偏向选择文科类专业，尤其是经济学科和经营学科。近年来，选择去日本读理科类专业的学生也有所增加。与此同时，日本的大学专业设置也日趋丰富，考生们的选择也越来越多。但值得一提的是，日本大学的专业设置与中国国内有些不同，很多专业并非和字面意思一样，因此留学生在选择专业时要仔细考察并注意区分。

(一)经济学科、经营学科、商学科

自20世纪90年代起，经济学科、经营学科和商学科一直是留学生报考大学的热门学科。然而在30年后的今天，留学生在大学专业的选择上并未发生大的变化，报考这3个专业的人数依然众多。经济学科、经营学科和商学科是留学生在日本大学读得较多的文科类专业，这3个专业并不是简简单单的名字不同，在学习内容方面也是有所不同的。不得不说，很多留学生甚至在没有搞清楚经营学科和经济学科的区别的情况下，就稀里糊

涂地选了大学4年要学的专业。

以往日本大学的经济学科、经营学科因是文科类专业，故在大学考试中不需要数学考试的成绩。但是自大学考试改革后，日本大学的经济学科等文科类专业也开始重视考生的数学成绩了。如早稻田大学规定从2021年开始，政治经济学部入学考试中将加设数学科目，经济学科、经营学科等传统的文科类专业也逐渐开始对数学科目提出要求。

在分类上，经营学科和商学科基本可以视为一类，相当于中国大学的工商管理专业，学科内容偏向实务，比如学习会计学、市场营销和人事管理学等。经营学科和商学科虽然叫法不同，但学科内容还是很相似的。经营学科和商学科的区别在于，经营学科的课程内容更偏重商业活动中出现的问题，而商学科涉及的内容会更加广泛一些。目前，不少大学设有经营学科，而设有商学科的大学并不多。

一言以概之，经济学科是学习世界经济动向的理论知识的学科，与中国大学的金融学专业还是有所不同的。基本上日本的每所综合性大学都有经济学部，可以说多得泛滥了。从大学经营角度来讲，经济学部是低投入、高回报的学部，经济学部的教授们讲起经济理论都是信手拈来，而且都是大班教学，学校聘用的教师也不用太多。在这方面，其他学科就不行，比如历史学科，教师们都术业有专攻，西方史、古代史等分得很细，因而需要聘用的教师也比较多。所以对于大学而言，经济学部是投入成本最低的学部之一。那么，对于留学生而言，经济学科究竟如何呢？

1. 经济学部[1]里的学习氛围不好？

在日本的大学里经常流传着这样一句话："经济学部里的学生是最不学习的一帮人。"因为经济学部的课程都是偏理论的，学生基本都是在阶梯教室里上大班课，动辄就是100人以上，基本也都是期末提交一篇论文或报告就可以了，学习上没有什么压力。而其他学部就不同了，因专业方向各有侧重，不太可能一直上大班课。

理学部和工学部的学生将来要想成为研究者或专业工程师，就必须把理论知识掌握好，并需要通过相关实践来积累经验，因此不可能不好好学习；医学部的学生本来就是学霸，不用老师说也会好好学习；法学部的学生因要参加司法考试等，上课也会认真听；经营学部和商学部的学生要考会计、理税或者簿记等证书，也要忙着备考。总之，经济学部的学生学习压力最小，最轻松。

2. 在经济学部学习的知识是不是对将来工作用处不大？

我看过一份调查，有很多日本公司职员都表示自己在大学里学习的经济学知识在实际工作中起不了太大作用。的确，经济学的部分知识类似于经营哲学，可能在实际工作中派不上用场，然而日本很多用人单位还是愿意聘用经济学部的学生。有一家大型公司的人事主管就曾讲过："经济学部的学生更为聪明，实际的业务到了工作中再学就可以了。"

很多日本企业现在都还保留着终身雇佣的观念，企业愿意花时间和精力去培养人才。系统学习过经济学知识的学生能够

① 沿用日语名词「經濟学部」，经济学部是指经济学院。

充分了解经济世界的运行规律，有大局观念和判断能力。还有一份调查显示：日本企业里，职位在经理以上的人中，经济学部出身的人最多。由此可见，经济学部出身的人就业前景不容小觑。专业选择经济学科对于未来就业并不会有太多不利影响，较其他专业，经济学科毕业的学生的就业前景也许更为广阔。

（二）理科类专业

进入21世纪后，斩获诺贝尔奖的日本科学家累计达19人。日本人正在以年均1个诺贝尔奖的井喷势头证明着，“50年获得30个诺贝尔奖”的宏伟目标绝非好高骛远。日本在科技创新领域取得的巨大成就也吸引着很多中国留学生去日本留学并选择攻读理科类专业。在日本，留学生如果大学选择报考理科专业，毕业后通常会比较好就业。尽管如此，事实上选择理科的留学生数还是比文科要少，日本大学总体上还是“文高理低”，理科类专业的竞争相对来说不那么激烈。日本大学根据理科类专业一般分为理学部、工学部、理工学部，以及农学部等。在选择理科类专业时，不少留学生并不清楚各理科专业的不同之处，如理学类与工学类有何差别，在这里我简单给大家科普一下。

从学术层面上来讲，理科类专业可以分为理学类、工学类、农学类及医疗类4个专业方向。理学类主要学习理论知识及其应用；工学类主要研究如何生产制造；农学类主要探究人类生命资源；医疗类主要研究如何守护人类的生命健康。传统意义上的理科类专业一般指的是理学类和工学类。理学类注重基础科学的研究，该专业学生毕业后成为研究者的人较多；工学类则注重自然科学的应用，毕业后成为工程师的人较多。至于新出现的理工学部,其是站在理学和工学的立场上进行自然科学研究和学习的学部,目前设有理工学部的大学多为私立大学。理科类专业的学生要比文科类专业的学生学习压力大,他们不仅课程多,而且课后要分小组做实验,占用的课外时间也较多。

大学里的理学科这一专业多是指自然科学,自然科学又分为基础科学与应用科学。基础科学是学习物理或化学等自然科学的理论知识,而应用科学则是学习和应用自然科学的理论。理学部包含数学、物理、化学、生物、地理等专业方向;而工学部包含工学、机械、建筑、电子等专业方向。

理科类专业的学生在毕业后考取硕士研究生继续深造的较多,其中部分专业毕业生的读研率有90%之多。

1. “文理兼容”学科

日本大学里有很多看似是文科实则跟理科有关联的学科,如在文科生中较受欢迎的经营学科与心理学科,这两个学科的很多专业课都会涉及数学知识。再如家政学,从专业名称来看,第一感觉它就是家政服务相关的专业,学习内容也许就是做饭、家务等,而事实上这里的家政学与中文中的家政的含义不同,它包含儿童学科、营养学科等,该专业要学习的不少知识属于理科。还有一个与理科相关却常被忽视的专业,那就是艺术类专业。近年来,不少日本大学设置了有关建筑或日本传统工艺的专业,以及与信息技术等学科相结合的专业,如艺术工业、艺术科学专业等。不少学生可能会因为文化课成绩不好而选择读艺术类专业,但是要知道,没有理科思维也是很难学好此类专业的。

近年来,日本大学里的“文理兼容”学科有所增多,学校渐渐开始重视学生的文理科的综合水平了。这也折射出了日本现代社会对于人才要求的变化——“文理兼容”型人才将越来越受欢迎。

2. 理科类大学的学费

一般来说，日本私立大学理科类专业的学费普遍要高于文科类专业。相关统计调查显示，日本私立大学文科类专业第一年的学费平均为116.5万日元，理科类专业第一年的学费平均为147.5万日元。而日本国立大学的理科类专业第一年学费平均为81.7万日元，日本公立大学的理科类专业第一年学费平均为93.2万日元。正因如此，日本国公立大学的理科类专业非常受学生及其家长的欢迎，想要学习理科类专业的学生都会首选国公立大学。

日本国公立大学的理科类专业更受考生欢迎，竞争往往也更为激烈。日本国公立大学的理科类专业除推荐入试之外，要求考生必须要参加中心考试，且语文、地理·历史、公民、数学、理科及外语科目一般都要考。而私立大学如早稻田大学、庆应义塾大学的理科类专业只考数学、理科和外语3个科目，这对留学生相对有利。日本私立大学中，早稻田大学、庆应义塾大学、上智大学、东京理科大学、立命馆大学等大学的理科类专业实力较强。

（三）医学医疗专业

在日本，医生不仅收入高，而且有很高的社会地位。报考医学部的一般是日本高中的尖子生，可以毫不夸张地说“大学的医学部里聚集着各个高中的学霸”。日本的医学水平不仅在亚洲，在世界范围内都是数一数二的，尤其是在康复医学、再生医学、癌症治疗等相关领域。

在日本,考上医学部绝非易事。有考医学部打算的学生大体从小学三四年级就要开始准备了,他们先是会报补习班备考重点私立或国公立高中,进入重点高中后还要去专门备考医学部的补习班参加辅导。考生考上医学部不仅需要自身的努力,更重要的是还需要有殷实的家庭经济条件做支撑。有一项调查统计显示,在日本,考上医学部之前要付给补习班的全部费用在200万—420万日元,再加上大学6年的学费在350万—450万日元,总资金投入还是非常大的。日本医生的平均年收入在1200万日元左右,在日本算是超高收入群体了。这么看来,教育投资与回报还是成正比的。

顺便补充一下,日本国公立大学医学科[①]6年的学费需要350万日元,而私立大学医学科6年的学费则需要3000万日元左右(川崎医科大学最高,需要4600万日元)。日本国公立大学最难考的专业就是医学科,一些普通的国公立大学的医学科甚至要比东京大学的普通专业还要难考。至于其他医学医疗相关专业,私立大学相对会好考一点,但学费相当昂贵。2017年的一项统计数据显示,私立大学的药学科第一年的学费平均为208.2万日元,齿科[②]第一年的学费平均为428.9万日元。

虽然日本少子化现象严重,高考考生数也在逐年减少,但是医学部的竞争依然相当激烈。主要原因有两个:一是近年来日本私立大学医学部的学费有所下降,使得更多家庭条件一般的学生也能读得起;二是日本政府并没有放开大学新设医学部,近

① 沿用日语名词「医学科」,医学科是指临床医学专业。

② 沿用日语名词「歯科」,齿科是指口腔医学专业。

十几年间新设医学部的大学并没有几所。最近的一项调查也显示，报考医学部考生的质量并未下降，偏差值也未下降，考取医学部的竞争压力有增无减，为实现自己的从医梦想，很多考生在一次考试失利后宁愿选择复读，第二年再次参加考试。

在日本，人们通常所讲的医学专业多是指医学科，而医学专业实际分为健康科、生命科学学科、药学科、齿科、看护学科等，兽医学科也可以归到医学专业中来，学制也是6年。在日本，医学专业中最难考的医学科是只有一流的人才才能进入的领域。与之相对，医学专业中偏理论的其他学科就不是太难，如医疗保健学科等，想进入该专业的考生的偏差值只需在50—60就可以了。近年来，许多大学从医学部里独立出了药学部和齿科学部，这两个学部的考试难度也相对要小一些。

兽医学科在日本也是非常有人气的，在全日本只有16所大学设有兽医学科。现在每年国公立大学的该专业只招收370人，私立大学的该专业只招收560人。兽医学科的录取率非常低，仅次于医学科。

在日本，当医生的前提是必须拿到医师资格证书。近几年，日本全国范围内医学科医师资格证考试的合格率接近90%，而齿科医师资格证考试的合格率仅在65%左右。没有医师资格证书就不容易找到专业相关的工作，所以很多学生为了拿到医师资格证书会选择留级来备考。从数字上看，90%的合格率已经很高了，但是要知道，读这个专业的基本都是学习成绩出类拔萃的学生，可见竞争还是非常激烈的。

医学部是日本学生挤破头都想进的学部，其中医学科最受学生们的欢迎，日本大学在该专业上给外国留学生的名额有限，因此，留学生考上日本大学的医学科是件非常难的事情。如果留学生只是单纯地对医学科感兴趣而毕业后不打算从事临床医学相关工作的话，就不建议去挤医学科这座独木桥了。

想要在日本成为临床医生，必须要有医师资格证书，而这个大前提是完成6年医学科课程并顺利毕业。如果只是单纯地想从事医学研究工作，那么没有医师资格证书也没有关系，读医学博士也许是一条捷径。只要大学本科是化学、生物，甚至是农学等能跟医学研究产生关联的专业的毕业生，就可以报考医学部的硕士研究生。中国留学生在学成之后，回国从事医学研究也是非常有前景的。

这里，我们再来着重看一下日本的看护学科。

日本的看护学科相当于中国的护理专业，因为该专业有很高的就业率，所以在日本女生中很受欢迎。看护学科的学生多是在专业学校（専門学校/せんもんがっこう）就读的，只要通过国家的专门考试很容易就能找到工作。因为日本的护士多是从专业学校或短期大学（2年制大学）毕业的，所以总给人一种学历低的印象。经过近几年的教育改革，如今也有很多4年制的本科大学设置了看护学科，且深受学生及其家长的欢迎。

从日本文部科学省的数据来看，截止到2019年，全日本已有272所大学设有看护学科。而在20年前，全日本只有72所大学设有看护学科。护士职业对学生的综合素质要求越来越高，不仅要有过硬的专业知识，还要有一定的实践能力。随着日本老龄化的加剧及总人口的减少，社会对于护士的需求量依然很大，因此看护学科的就业前景也很不错。

五、日本大学的哪些专业就业率高

日本的每所大学，院系专业不同就业率也不尽相同。学生在填报大学志愿时对所选专业的毕业生就业率也不可不了解，尤其是打算日后在日本就业的留学生，在选择大学专业时就更应该了解清楚。2019年，日本每日新闻社对日本537所大学的毕业生就业情况进行了调查，结果显示，日本大学各院系专业中，家政、健康生活、营养学类的毕业生就业率最高，为93.3%，而就业率最低的则是文学、人文、外语类，为87.1%（见表4-5）。

表4-5　2019年日本大学各院系专业就业率排名[①]

排名	院系专业	代表专业名称	就业率/%
1	家政、健康生活、营养学类	家政、健康生活、生活环境、管理营养、食物营养学等	93.3
2	理工类	工学、情报科（信息技术）、产业理工、环境工学、生命工学、建筑学等	92.7
3	看护、保健、医疗类	看护、保健、医疗等	92.6
4	农学类	农学、应用生物、生物资源、生物产业学等	92.5
5	福祉类	社会福祉、保健福祉、医疗福祉、综合福祉等	91.6
6	商科、经营类	商科、经营、经营情报（经营信息技术）、现代商务等	90.8

① 不包含医学科与齿科。

续 表

排名	院系专业	代表专业名称	就业率/%
7	经济类	经济、经济情报等	90.1
8	国际类	国际科、全球商务、国际关系、国际综合等	87.8
9	法学类	法学、知识财产等	87.6
10	药学类	药学	87.3
11	文学、人文、外语类	文学、人文、人文社会、外国语等	87.1

理工类专业毕业生的就业情况也很不错，尤其是受互联网大环境的影响，信息技术行业对人才的需求量较大；商科、经营类的就业率也不低，商科、经营类专业在日本渐渐成为“文理兼容”专业，毕业生能用数学思维解决商业领域的实际问题也是用人单位所期望的；文学、人文、外语类的就业率相对较低，特别是外语类，语言现在只能作为附加武器了，这一点也是留学生在选择专业时需要多加考虑的。

六、留学生报考日本大学时的一些常见问题

每年暑假结束后的9月份是留学生参加私立大学考试的集中时间，高三毕业生们都铆足了劲儿准备着大学的入学考试。报考日本大学的考生不仅要按照大学的要求提交相关材料，而且要着手准备大学校内考试及面试等。如果考生在报考时选择失误，前期的准备与后期的努力都会付诸东流。这里我结合自身经历，归纳出以下几点留学生在报考时的常见问题并给出相

关建议,以期能对广大留学生有所帮助。

(一)目标院校间没有拉开梯度,高估了自身实力

如果要参加大学的外国人留学生入学考试,考生要先拿着自己的日本留学考试成绩或英语考试成绩去投档,并提交志愿理由书,然后到目标院校参加校内考试。由此可见,考生报考任何一所大学都要花费大量时间和精力。再加上很多大学的考试时间是相互冲突的,考生也无法在短时间内同时准备多所大学的校内考试。

填报志愿时,考生一般可以按照自身情况准备3所目标院校,做到“一冲、二稳、三兜底”,合理分配以拉开梯度。

第一志愿为冲刺校,即稍高于自身能力的大学。

第二志愿为实力校,即与自身能力相当的大学。

第三志愿为保底校,即略低于自身能力的大学。

然而,因没拉开目标院校间的梯度而最终没能进入理想的大学,往往是平时学习成绩较好的考生易犯的错误。

A同学平时学习成绩不错,日语也非常流利,冲刺名校是他一直的梦想。他在日本读高中的3年里不仅学习认真刻苦,还积极参加俱乐部活动,可以算是模范生了。虽然他平时在学校表现很好,但6月份的留考[1]失利了,各科成绩均不突出,且日语科目的成绩很不理想。他虽在留考中失利了,但还是决定报考3所高水平

① 留考指的是日本留学考试,详见本书第五章第二节。

的私立大学：第一志愿是早稻田大学，第二志愿是上智大学，第三志愿是立命馆大学。这3所私立大学的综合实力虽然有差距，但是并没有拉开距离。他的班主任建议他拉开目标院校间的梯度，但是他心有不甘，下定决心要挑战一下。我几次在校园里碰到他，也曾委婉地建议他考虑一下其他大学，但他还是固执己见。考试的最终结果不出人所料，他报考的3所大学都没有录取他。考试失败也打击了他的自信心，最后他只得草草去了一所三流大学，周围的老师和同学无不替他感到惋惜。

我之所以建议他考虑其他大学，原因有二：一是这几所大学的考试时间太集中，如果一所失败了，那么也无法及时总结经验再挑战；二是报考这几所大学的留学生之间的竞争也非常激烈。我觉得他还是碍于面子，不肯去报考他看不上的大学。相比A同学，同样是优等生的B同学的情况就好多了。

B同学的大学面试一开始也并不顺利，10月份她报考的2所难度较大的私立大学（立命馆大学和关西学院大学）均失利了，这2所大学虽不是她的第一志愿，但她还是落榜了。知道考试结果后，她很沮丧地来找我，我就和她一起分析了考试失利的原因。沟通过程中，我发现她报的专业是这2所大学中报考人数最多的专业，难度本来就很大。虽然她的平时成绩很好，但是她在经历了2次考试失败的打击后似乎没什么信心了。

我建议她再报考一所难度低一点的大学。经过综合分析，我们选择了武藏野大学的国际学专业。这时候，她的班主任提出了反对意见，理由是第一志愿大学的考试已经临近，考这所大学会分散她的备考精力。的确，她的班主任的说法也不无道理。其实，我内心觉得她只要能好好总结失败的教训，第一志愿合格的概率还是很大的。我就让她自己做出选择，选择考还是不考。她最后还是报考了武藏野大学，结果考试合格了！经过2次失败之后，她终于迎来了第一次成功。武藏野大学合格之后，她整个人对考试也更加自信了。最后，她的第一志愿上智大学也顺利合格了。后来，她跟我说，武藏野大学的合格就是一个契机，有一个保底的学校，心里就很踏实了。

我当时之所以建议她试一试武藏野大学，第一是出于保底的考虑，第二是这所大学的奖学金很优厚（以她的成绩完全可以拿到奖学金），第三也是最为关键的是她需要成功的经验，她需要自信。

虽然A同学与B同学都曾失败过，但结果截然不同。通过以上2个真实案例，考生可以总结相关经验和教训，结合自身优势选择适合自己的大学和专业，并注意拉开保底校与冲刺校之间的梯度。唯有如此，才能将失败的风险降到最低。

（二）跟风，结伴报考同一所大学

这个问题常出现在一些竞争意识不强、对于报考的大学也不做太多研究的考生身上。他们在学校选择和专业选择上容易跟风，甚至会结伴报考同一所大学的同一个专业。这么做往往导致同校或同班同学之间互相竞争，合格的概率也会随之降低。

有些考生见某大学历年录取率较高，都扎堆报考该大学；有些考生间平时关系较好，就商量着报考同一所大学。但是要知道，日本大学各个专业招收的留学生的名额有限，有的只招收3—5人，同时还要考虑国籍分配。所以，即便中国籍考生都很优秀，校方往往也不会把名额都留给中国籍考生。日本大学里举行的专门针对留学生的考试也并非绝对公平，学校也会考虑国际化，同一国家、地区乃至同一学校的考生互相间都是存在竞争的。因此，拉上同学报考同一所大学绝非明智之举。

为什么会有一些留学生喜欢跟风报考大学呢？一是一些身在国外的留学生本身不喜欢孤独，愿意依附于群体，跟风往往可以找到安全感。二是不少留学生对大学和专业没有做多少研究，只能盲目地跟风报考。

日本大学的录取情况每年都是有变化的。如果第一年报考人数少致使录取率高的话，第二年报考人数就很可能会剧增。但如果某年某大学发生了负面事件，这一年的报名人数就可能会减少，相应地，录取率就会变高。考生不能因为某大学去年的录取率较高，今年就都去报考该大学。打个比方，去年某大学某专业报考的留学生人数只有20多人，今年报考人数增长到80多人，那么录取率自然就会降低。还有一点，如果一所大学有新建校区的话，报考人数就会增多，竞争也会更激烈。关于以上这些变动因素，考生在报考大学前要多加留心并做好权衡。

留学生在填报志愿时因为消息的不灵通，往往会有盲目跟风的趋势。这不仅会浪费时间、精力和金钱，还可能错过了其他大学的报考时机。如近几年报考人数居全日本第一位的近畿大学，该大学由于招生广告做得非常有特色，所以吸引了很多考生报考。在我看来，这类“网红大学”虽有一定实力，但考生易扎堆报考进而导致竞争力变大，实在是不值当。留学生在填报志愿时，也应该对更多的大学进行调研，与其跟风扎堆报考，不如去拼一下实力相当而竞争力较小的大学。

（三）择校过于重视区域，轻视大学学科专业水平

学生在选择大学时大多比较重视学校所在城市，很多留学生更是如此。

不少留学生都会首选东京，因为东京不仅是日本经济文化的中心，还是国际文化的聚集地。一项相关调查[①]显示，截至2017年5月1日，关东地区的留学生数量约占全日本留学生总数的56.1%，即有一半以上的留学生在东京圈学习和生活。为防止人口过度向关东地区集中及维护地方大学的利益，文部科学省不断颁布新政策来限制东京23所私立大学的扩招。如：2016年开始严格限制8000人以上的大学扩招；2018年5月开始限制东京23所大学的招生名额（截止到2028年3月）。

如果留学生在报考大学时过度倾向于东京圈，他们之间的竞争就会变得更加激烈。除了考大学的竞争激烈，奖学金、学费减免等申请成功的概率也会明显变小。即便如此，还是有大量

① 调查内容详见http://edu.sina.com.cn/a/2018-01-16/doc-ifyqqieu6786384.shtml。

留学生在考大学时直接奔着东京而去。我对此表示理解，的确，大城市的优势很明显：可以开阔眼界，有更多的社会实践机会，毕业后就业机会也多。然而，选择中小城市也是有其优势的，只要大学规模不是太小(最好能是综合性大学)。在日本中小城市生活的压力较小，留学生能更深入地了解日本风土人情，当然也能申请到水平较高的大学。基于这一点，中小城市也是值得考虑的。

同时，学生在报考大学时应该更重视专业而不是学校的知名度。一是因为知名度高的大学的整体难度也大，二是因为日本私立大学中经常会出现专业水平不均衡的现象，强弱过于明显。日本学生及其家长一般对大学和专业的整体情况比较清楚，而留学生在择校时往往只看大学的名字，容易忽视专业的实力。有的同学会根据大学的名气来决定目标院校，如第一志愿选择了早稻田大学的文科类专业，第三志愿选了上智大学的综合Global学部。而事实上，考上智大学综合Global学部的难度要比考早稻田大学文科类专业还要大，并不能用来保底。各大学的优势专业在相关杂志和网站上都可以查询到，考生在报考前应多收集相关信息。

总之，留学生在选择大学时还是要以大学的综合实力和优势专业为择校基准，地域性可以放在次要位置。我的一位朋友大学在北海道就读，硕士研究生在大阪就读，而工作又去了东京。对他来说，体验日本多个城市的风土人情也是很不错的。

(四)在选择专业前缺乏调研

近些年，我发现中国留学生中报考心理学专业的人数在逐年增多。每当有学生找我商量时，我都会先问一问他们的报考理由和未来职业规划，很多学生只是单纯地认为心理学有意思，说通过心理学可以理解人的心理，将来还可以当心理咨询师。心理学的确有着神秘色彩，但心理学不是玄学或者算命，是需要科学数据来证明的。学这个专业一是要有数学基础，因为涉及统计学，二是英语要好。众所周知，心理学起源于欧美国家，最权威和最新的论文几乎都是用英语写的，中文版的心理学相关书籍中的一些专业术语也都是从英语中翻译过来的。因此，没有一定的英语基础，是学不好这个专业的。另外，心理学并不是日本的特色专业，即无论在中国还是在日本学习心理学都是一样的，中国留学生大可不必千里迢迢跑到日本学习心理学。

除了心理学，选择情报学（信息技术）相关专业的人数也在逐年增加。有些喜欢玩游戏的留学生会选择报考情报学（信息技术）相关专业，但是日本大学的情报学（信息技术）是名副其实的理科类专业，没有一定基础的学生学起来是很吃力的。尤其是近些年比较火的AI人工智能专业，该专业以很强的科幻感和趣味性吸引了大量留学生报考，然而很多留学生在实际学习之后才发现这个专业非常难，最后不得不转学或转专业。

浅尝辄止的兴趣爱好和实打实的专业学习之间的落差还是很大的。因此，留学生在选择大学所学专业时除了考虑兴趣之外，还要看实际的学习内容和就业前景。在选择专业时，如果不提前做功课，待进入大学后发现和自己想象的不一样就为时已晚了。

(五)忽视专业学科的就业前景

因大多数留学生家长都会尊重留学生本人意愿,故留学生根据自身兴趣爱好选择大学及专业的情况较多。很多学生去日本是想学习动漫游戏制作专业,近几年还有去日本学习声优专业的。

在选择大学和专业时,兴趣当然是第一位,但也不能不考虑就业前景。若在网上搜索一下动漫游戏制作专业的相关信息,找到的都是说该专业就业形势一片大好,而真实的就业情况和待遇却很少有人提及。据我所知,在日本,该专业毕业生的就业情况前景并不乐观,即便能找到工作,也很难成为公司的正式员工。而且,即便成了漫画插画师等专业人员,收入也不稳定。根据相关调查,在日本的漫画插画师年收入不足100万日元的占到52.5%,远低于日本的人均收入。成为漫画插画师是很多日本小学生的理想,但是到了初中阶段,大多数人都能感觉到现实与理想的差距,等到了高三阶段,报考动漫游戏制作专业的人就寥寥无几了。现在,动漫游戏制作专业在日本已是较为冷门的专业了。

中国的动漫行业现正处于蓬勃发展期,但是从全球视角来看,动漫行业正在走下坡路,动漫大国的动漫产业收入多半是靠中国支撑的。再加上整个行业对相关人才的需求量并不像其他行业一样大,长远考虑,动漫游戏制作专业毕业生的就业前景或不容乐观。

随着科技的发展,一些职业在未来或将遭到淘汰,考生及其家长在选择专业时也要注意看所学专业的就业前景。

(六)固执偏听,不听老师的建议

关于报考大学志愿,大多数留学生家长由于不了解日本大学的情况,选择学校和专业的大权只能拱手让给留学生自己。而留学生在报考志愿时往往容易偏听偏信或过于固执,这些都是令老师们头疼的事情。

例如,在某年3月份公布的毕业生录取名单中,老师们发现有一个学生去的大学远远不符合他的实力。教过他的老师都在疑惑,这个学生平时成绩还不错,怎么就去了这么个水平很一般的大学呢?当我跟该学生的班主任聊起此事时,班主任大吐苦水:“这个学生啊,平时说什么也不听!让他填写志愿理由书时注意字迹工整,他总是草草了事;填报志愿时,建议他参考往年录取分数线,他硬要挑战一下……”报考大学时要提交的志愿理由书一定要字迹工整,这在日本是常识。报考材料中字迹潦草是不会给人留下好印象的,考试中字迹潦草往往也会导致减分。

现在网络信息发达,留学生有什么问题都喜欢直接在网上搜索,或者听从国内的前辈们的建议,留学生们还是愿意接受这样的“第一手”信息。但是对于网上所谓的“亲身经验”“我的一个朋友的故事”等,其可信度又有多少,是否同样适合自己呢?在网络信息爆炸的时代,如何过滤无效信息是一件非常难的事情。

C同学的大学入学考试结果较为理想,虽然没有考上第一志愿,但最终录取他的学校也是与其实力相当的大学,C同学及其家长都较为满意。本来都要办理入学手续了，但是C同学认识了一个某名校毕业的网友，该网友告诉他如果再复读一年一定可以考取某所重点大学，还讲了现在录取他的大学的各种负面信息云云。结果，C同学有了复读之心，并通过这个网友的介绍去了东京的一所语言学校。C同学实际到了语言学校后才发现和该网友所说的不一样。C同学已经通过了N1，并不需要再经语言学校强化日语了，而要备考其他大学还要单独去报补习班。最后C同学才知道，这个名校毕业的网友实为东京某补习班的辅导老师。知道上当后的C同学追悔莫及，但已于事无补了。

留学生在选择大学和专业时千万不能完全听信他人，应更多地听取周围老师的建议，尤其是任课老师的建议，然后再自己做判断。除了班主任外，日本老师对学生的升学等问题一般不会主动过问，所以还是希望留学生们能主动地去多听一下周围老师的建议，当然最后分析决策还是要靠留学生自己。

漫漫人生路上有无数的选择，但关键的只有几个。大学和专业的选择可能会决定一个人未来的人生道路。大家在面对选择时，应既不随波逐流，又不固执己见，要多调查、多研究、多思考。在此，我衷心地希望每位留日学子都能在升学道路上做出正确的选择，不辜负自己的努力。

小贴士

留学生报考日本大学的报考费与报考材料

日本私立大学的报考费约为3.5万日元，国公立大学的报考费约为1.7万日元。报考时需要提交的材料也因学校而异，一般情况下，需要提交以下材料：

⊙志愿理由书

⊙高中毕业证明或在籍证明（3个月以内）

⊙高中成绩单（3个月以内）

⊙高中校长、班主任的推荐书（根据学校要求）

⊙照片（根据学校要求）

⊙在留卡复印件、日本住民票

注意：高中毕业证明和高中成绩单需准备日文版或英文版的。

第五章　日本高中留学之备考清单

一、日本学校教育的学制

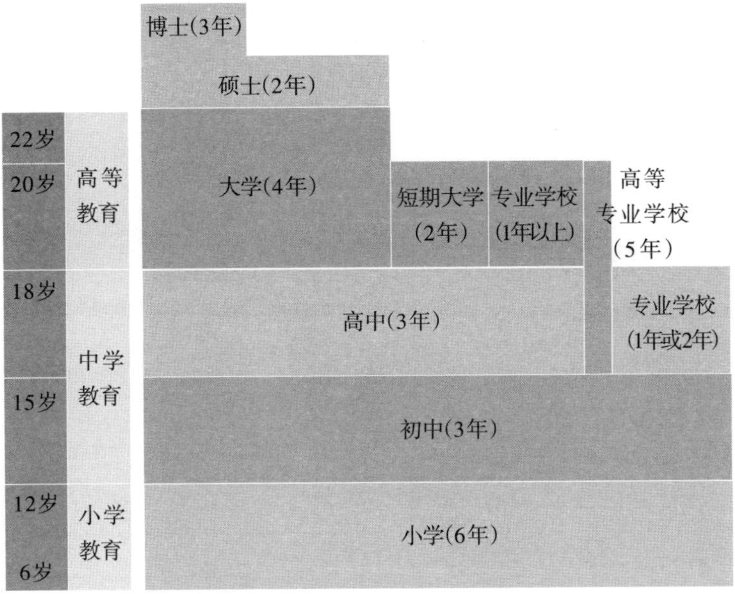

图5-1　日本学校教育学制略图

由图5-1可知，日本小学生是6周岁入学，到高中毕业共为12年学校教育。其中小学6年和初中3年为九年义务教育，高中3年分为高中教育与专业教育。大学一般为4年，医学科、齿科、兽医学科、药学科等是6年。短期大学（相当于中国的大专院校）则一般为2年，看护学科等为3年。

此外，还有专业教育，其分为2年与4年，学生在高中毕业后可接受专业教育，区别于大学教育。

日本学校开学时间一般为4月份，也有秋季开学的大学，开学时间为9月份或10月份。日本学校通常从每年的4月份到次年的3月份为一学年，中小学一般分为3个学期，第1学期为4—7月，第2学期为9—12月，第3学期为1—3月（见图5-2）。除5月的黄金周之外，长假分为暑假（7月下旬—9月上旬）、寒假（12月下旬—次年1月上旬）、春假（3月中旬—4月上旬）。

图5-2　日本中小学一学年的安排

大学则分为上学期与下学期。上学期为4—9月，下学期为10月—次年3月（见图5-3）。

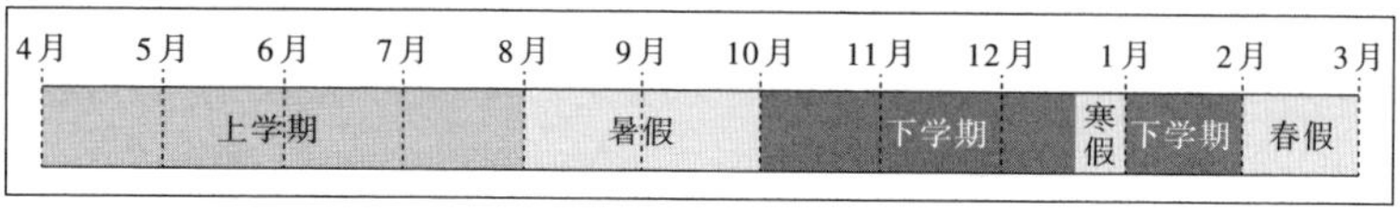

图5-3　日本大学一学年的安排

二、日本高中留学生备考清单

（一）日本留学考试（EJU）[①]

日本留学考试（日本留学試験/にほんりゅうがくしけん）

---

① 日本留学考试报名网址为https://www.jasso.go.jp/ryugaku/study_j/eju/index.html。

是由日本独立行政法人团体日本学生支援机构(JASSO)主办的以检测评估外国留学生的日语能力和基础学习能力为主的考试,是日本私立大学和国公立大学本科入学考试的重要参考依据。[1]日本留学考试简称EJU或留考(以下简称"留考")。

很多学生及其家长认为留考相当于中国的高考,或类似于申请美国大学用的SAT考试。其实,留考并不像中国高考那样是由教育部或省级教育行政部门命题的统一考试,而是与雅思、托福考试相似,考生以参加留考取得的分数去申请大学,但要想真正考入日本的大学还要参加大学单独举行的校内考试。留考分数是评判外国留学生是否有能力在日本大学学习的重要标准,能否考上好的大学还要看考生的日语综合水平和面试中的表现,这也是跟中国高考制度的最大不同点。此外,留考的考试科目可以自由选择,同时也不像中国高考那样按照考生各科成绩的总分由高到低进行录取,留考成绩中各科所占比重也有所不同。

留考一年举行2次,分别在6月和11月。考试科目有日语科目、数学、综合科目/文综、理科。考生的考试科目可参照目标院校的专业要求(见图5-4)。

与中国高考相似,留考也分文科和理科。文科的科目包括日语科目、数学1、综合科目/文综。理科的科目包括日语科目、数学2、理科(物理、化学、生物中选2科)。根据报考大学的要求,考生可以自由灵活地选择考试科目。除日语科目的小论文外,留考的所有科目都是选择题,这和中心考试的出题方式相同。

---

① 详见https://www.jasso.go.jp/ryugaku/study_j/eju/index.html。原文为日文,笔者译。

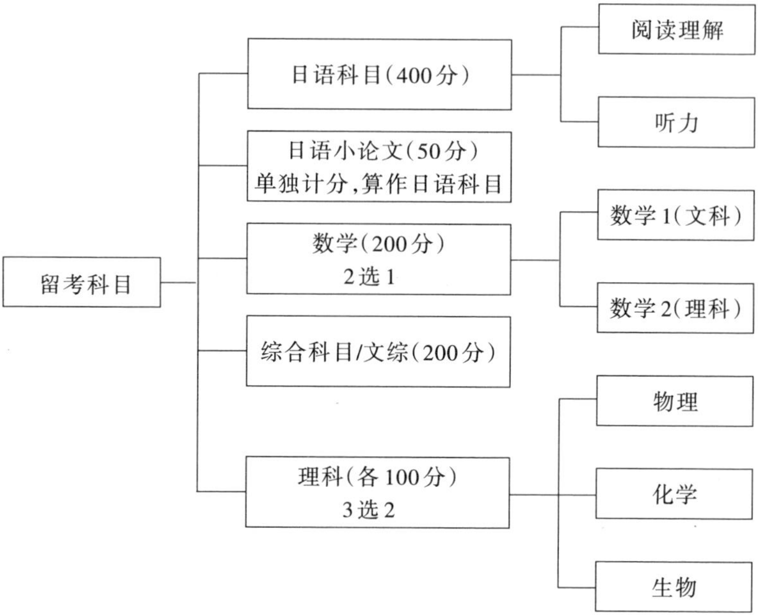

图5-4　留考科目

留考科目中最被重视的是日语科目,具体考试内容包括阅读理解、听力及小论文(30分钟400字)。根据日语科目的计分方法,小论文一般单独计分,因为小论文分数能充分体现考生的写作水平。很多私立大学要求考生留考的日语科目得分在220分(总分400分,不含小论文)以上才能报考,也有些大学要求更高,日语科目得分必须超过280分(总分400分,不含小论文)。因为汉语与日语的汉字相通,所以中国留学生相较于其他国家考生在日语科目上更容易取得高分。因此,很多大学在录取考生时不是单纯地按照分数高低录取,而是往往对非汉字圈的考生放宽日语科目成绩要求。

截至2019年7月，日本有464所大学的入学考试可以使用留考成绩。留考官网上会公布最新考试大纲[①]、考试日期，以及考点等基本信息，每次考试结束后还会公布各专业的录取分数线。当然，考生也可以直接在留考官网上进行考试报名，但是由于中国内地没有设置考点（亚洲除日本外还有17个国家和地区设有考点），中国内地的考生需要去其他国家或地区参加考试。

另外，留考成绩的有效期一般为2年，但不同大学对此的具体要求也可能会有所不同，考生们在报留考前一定要提前确认目标院校的要求。在有效期内，考生可以自由选择向大学提交分数较高的一次留考成绩，但是不能混搭科目提交成绩，如不能把第一次考试的数学成绩和第二次的日语科目和理科成绩混搭提交。

虽然参加留考的考试次数没有限制，但我还是建议考生把备考重心放在大学入学考试前一年的11月份和当年6月份的考试上。留考主要考察的是考生是否有在日本大学学习和生活的能力，留考的日语科目考察的词汇多侧重大学课程、校园话题等，比起日本语能力考测试，词汇范围更为小。同时，留考的日语科目还着重考察考生的阅读速度和对文章或听力内容的归纳总结能力。因此，考生需要有针对性地进行考试专项练习。至于留考各科目的中文版备考教材，中国国内各大网站上均有售卖，需要备考留考的考生可以提前准备起来。

---

① 日本留学考试考试大纲参见https://www.jasso.go.jp/ryugaku/study_j/eju/examinee/syllabus/index.html。

(二)日本语能力测试(JLPT)[①]

日本语能力测试(日本語能力試験/にほんごのうりょくしけん)在中国国内常被称为日语等级考试或日语能力考试,是学习日语的学生最熟悉不过的考试了。日本语能力测试在国际上又被略称为JLPT,此考试是由日本国际交流基金会(负责日本国内考试)和日本国际教育支援协会(负责日本国外考试)举办的针对母语非日语者的国际范围的日语等级考试,是全世界范围内最为权威的日语能力考试。该考试一年举行2次,时间分别在每年7月和12月的首个星期日。

自2010年日本语能力测试改革以来,新日本语能力测试按照难易度被设置为N1—N5这5个等级,其中N1难度最大(见表5-1)。在2002年前(留考被推广前),该考试曾是日本大学考试的重要审查基准。而现在,外国人在日本考大学或在日本就业都需要达到相应的日语等级,如很多日本大学要求考生在入学前日语水平要达到N2,或留考日语科目(除小论文外)成绩在200分以上。

表5-1 新日本语能力测试不同等级的基本情况

等级	测试项目	测试时长/分钟
N1	语言知识(文字、词汇、语法)及阅读	110
	听力	60

① 日本语能力测试中国报名网址为https://jlpt.neea.edu.cn/index.do;日本报名网址为https://www.jlpt.jp/sp/。

续　表

等级	测试项目	测试时长/分钟
N2	语言知识（文字、词汇、语法）及阅读	105
	听力	50
N3	语言知识（文字、词汇）	30
	语言知识（语法）及阅读	70
	听力	40
N4	语言知识（文字、词汇）	30
	语言知识（语法）及阅读	60
	听力	35
N5	语言知识（文字、词汇）	25
	语言知识（语法）及阅读	50
	听力	30

注：自2019年12月开始，N1、N2级考试费用调整为550元/次，N3、N4、N5级考试费用调整为450元/次（中国国内）。

由表5-1可知，N1和N2考试分为“语言知识（文字、词汇、语法）及阅读”和“听力”2个项目，N3、N4及N5考试分为“语言知识（文字、词汇）”“语言知识（语法）及阅读”和“听力”3个项目。N1—N5这5个等级的满分均为180分（见表5-2）。

表5-2　新日本语能力测试不同等级的合格要求

单位:分

<table>
<tr><td>等级</td><td colspan="2">综合得分</td><td colspan="6">分项得分</td></tr>
<tr><td rowspan="2"></td><td rowspan="2">满分</td><td rowspan="2">合格分</td><td colspan="2">语言知识(文字、词汇、语法)</td><td colspan="2">阅读</td><td colspan="2">听力</td></tr>
<tr><td>满分</td><td>合格分</td><td>满分</td><td>合格分</td><td>满分</td><td>合格分</td></tr>
<tr><td>N1</td><td>180</td><td>100</td><td>60</td><td>19</td><td>60</td><td>19</td><td>60</td><td>19</td></tr>
<tr><td>N2</td><td>180</td><td>90</td><td>60</td><td>19</td><td>60</td><td>19</td><td>60</td><td>19</td></tr>
<tr><td>N3</td><td>180</td><td>95</td><td>60</td><td>19</td><td>60</td><td>19</td><td>60</td><td>19</td></tr>
<tr><td rowspan="2"></td><td rowspan="2">满分</td><td rowspan="2">合格分</td><td colspan="4">语言知识(文字、词汇、语法)及阅读</td><td colspan="2">听力</td></tr>
<tr><td colspan="2">满分</td><td colspan="2">合格分</td><td>满分</td><td>合格分</td></tr>
<tr><td>N4</td><td>180</td><td>90</td><td colspan="2">120</td><td colspan="2">38</td><td>60</td><td>19</td></tr>
<tr><td>N5</td><td>180</td><td>80</td><td colspan="2">120</td><td colspan="2">38</td><td>60</td><td>19</td></tr>
</table>

注:以上是从2010年7月的第1次(N1、N2及N3)和2010年12月的第2次(N4和N5)考试开始适用的基准。

日本语能力测试每年的考试合格分数线十分固定(现行的计分方式为比例得分),不仅要求综合得分在合格分以上,而且各分项得分也必须在相应的合格分以上。日本语能力测试考卷全球统一,目前在包括中国在内的86个国家和地区实行统一考试。该考试的合格证书长期有效,并且全球通用。

留学生在报考大学时,日本语能力测试成绩一般被作为辅助材料提交,且在没有留考成绩时,它也是一份重要参考材料。此外,留学生在入学后,持有N1合格证书对申请奖学金等也较为有利。

如果留学生毕业后想在日本就业,大多数企业都会要求其日语至少达到N2水平。如果留学生想要从事医疗行业，要求则更高，需要日语达到N1水平。另外，持有日本语能力测试N1或N2合格证书，在申请“高度外国人才”签证时也是一个加分项。

（三）实用日语鉴定考试（J.TEST）①

实用日本语鉴定考试（以下简称J.TEST）是由日本语检定协会举办的对母语为非日本语的人员进行日本语能力检测的测试。J.TEST考试是仅次于日本语能力测试的大型日语考试，现在在包括日本在内的13个国家和地区开设了考点，考试合格证书受日本法务省认可。

J.TEST考试于2003年首次在中国开设考场。从2019年5月起，J.TEST进一步细化了考试级别，将原来的A-D级考试和E-F级考试2种类型调整为A-C级考试、D-E级考试和F-G级考试3种类型。J.TEST各级别的考试均重视阅读理解与听力，两部分的分值各占总分的一半。其中，A-C级的考试内容还包含商务日语，除了学习日语的学生会参加此考试，有很多日企员工也会参加。为使大家有更直观的认识，我将J.TEST与日本语能力测试对应的日语水平进行了比较，如表5-3所示。

表5-3 J.TEST与日本语能力测试对应的日语水平比较

日语水平	日本语能力测试	J.TEST
上级	N1	A-C级 700分以上（满分1000分） 注意：考试内容包括商务日语

---

① 实用日语鉴定考试中国报名网址为http://www.j-test.com/；日本报名网址为https://j-test.jp/。

续　表

日语水平	日本语能力测试	J.TEST
上级	N2	A-C级　600分以上(满分1000分) 注意:考试内容包括简单商务日语
中级	N3	D-E级　500分以上(满分700分)
初级	N4	D-E级　350分以上(满分700分)
入门	N5	F-G级　250分以上(满分350分)

注:①A-C级:1000分为满分(阅读理解500分,听力500分)。
②D-E级:700分为满分(阅读理解350分,听力350分)。
③F-G级:350分为满分(阅读理解175分,听力175分)。

J.TEST考试一年举办6次,比一年2次的日本语能力测试更为频繁。J.TEST考试成绩出来得也快,一般在考后30天便可查询考试成绩。该考试因时间较为灵活而深受留学生们的欢迎。想去日本读语言学校的学生必须至少通过J.TEST考试的F级才有报名资格。J.TEST考试虽然不及日本语能力测试应用广泛,但日本现已有78所大学认可该考试的成绩,并将其作为评估考生日语水平的标准之一。

(四)中心考试(大学入学共通考试)

日本现行的全国统一大学升学考试为大学入试中心考试(大学入試センター試験/だいがくにゅうしセンターしけん),通常被称作中心考试。中心考试最初是为日本国公立大学考试而设立的,如今大多数私立大学也开始使用中心考试。中心考试时间为每年1月13日后的第一个星期六和星期日,改革后的

第一次全国统一大学升学考试——大学入学共通考试将在2021年1月16日和17日举行。2021年开始实施的大学入学共通考试内容延续了旧中心考试的内容，共有六大教科（语文、地理·历史、公民、数学、理科和外语）30个科目可供考生选择（见表5-4）。

表5-4　大学入学共通考试的教科及出题科目

<table>
<tr><th colspan="2">教科</th><th>出题科目</th><th>选择方式</th><th>答题方式</th></tr>
<tr><td colspan="2">语文</td><td>语文</td><td>必选</td><td>涂答题卡和记述</td></tr>
<tr><td colspan="2">地理·历史</td><td>地理A
地理B
世界史A
世界史B
日本史A
日本史B</td><td rowspan="2">最多可选择2个科目，且同一名称科目不可组合选</td><td rowspan="2">涂答题卡</td></tr>
<tr><td colspan="2">公民</td><td>现代社会
伦理
政治·经济
伦理·政治·经济</td></tr>
<tr><td rowspan="2">数学</td><td>数学1</td><td>数学1
数学1·数学A</td><td>选择1个科目</td><td>涂答题卡和记述</td></tr>
<tr><td>数学2</td><td>数学2
数学2·数学B
簿记·会计
情报关系基础</td><td>选择1个科目</td><td>涂答题卡</td></tr>
</table>

续　表

<table>
<tr><th colspan="2">教科</th><th>出题科目</th><th>选择方式</th><th>答题方式</th></tr>
<tr><td rowspan="2">理科</td><td>理科 1</td><td>物理基础
化学基础
生物基础
地学基础</td><td rowspan="2">从4种方式中选择1种:
①从理科 1 中选择 2 个科目
②从理科 2 中选择 2 个科目
③从理科 2 中选择 1 个科目
④从理科 1 中选择 2 个科目+从理科 2 中选择 1 个科目</td><td rowspan="2">涂答题卡</td></tr>
<tr><td>理科 2</td><td>物理
化学
生物
地学[1]</td></tr>
<tr><td colspan="2">外语</td><td>英语
德语
法语
汉语
韩语</td><td>选择 1 个科目</td><td>涂答题卡</td></tr>
</table>

作为日本全国最大规模的统一考试——大学入学共通考试的考试内容与方式还可能会有新的变动,如将更加注重对考生外语能力的检测等。日本高中留学生可以有针对性地选择适合自己的考试科目,从而挑战大学的一般入学考试。

(五)实用英语技能检定(英检考试)[2]

实用英语技能检定(実用英語技能検定/じつようえいごぎ

① 地学是指地球构成物质科学,包含地质学、地球物理、地球化学、岩石学、矿物学、海洋学、气象学、地形学等知识。

② 实用英语技能检定报名网址为 https://www.eiken.or.jp。

のうけんてい)又被称为英检(英検/えいけん),其作为检测英语水平的考试在日本被广泛普及。该考试是由公益财团法人日本英语检定协会主办,现在除日本外,美国、英国也举行该考试。英检考试的目的之一是使青少年与成年人在学习英语上能有较明确的目标,并提高其学习的意愿。[①]

英检考试一年共举行3次,参加英检考试的主要对象是初高中生(占2018年考生总数的88%)。随着近几年日本大学考试改革的进行,英检考试也越来越受重视。如果考生在英检考试中取得一定等级,就可以在报考大学时免考英语或获得加分。

英检考试共分为1级、准1级、2级、准2级、3级、4级、5级这7个级别,1—3级考试设有笔试与口试,用来综合评价考生英语的听、说、读、写能力。为了大学升学,大多数日本高中生都会报考准1级—准2级。

英检考试的出题范围很固定,多是日常生活、学校及职场的场景模拟话题。英检考试能较为全面地检测考生的英语水平,因此往往被作为外部考试成绩,受日本大学一般入学考试的认可。

因为英检考试的考场设在日本、美国及英国,所以其他国家的学生往往无法参加此考试。因此,日本大学的外国人留学生入学考试多认可托业、雅思、托福考试成绩。

---

① 刘钢:《日本的实用英语技能检定简介》,《世界教育信息》1998年第4期,第4—7页。

(六)托业考试[1]

托业考试即TOEIC(Test of English for International Communication),中文译为国际交流英语考试,是针对母语非英语人群而进行的英语能力测评考试。

留学生参加日本重点大学的外国人留学生入学考试大多需要提交外语考试成绩,目前托业考试成绩和托福考试成绩一样是被认可的。如东京理科大学的外国人留学生入学考试要求考生在报名时提交托业或托福考试成绩。

托业考试满分为990分,所有试题均为选择题(共200道),一半是听力测试,另一半是阅读测试。因为托业考试只有听力和阅读两项,所以难度大大低于托福和雅思考试。

托业考试内容多涉及商务场景相关话题,因此在日本职场上也很受用,有的企业还将其作为员工入职、升职的重要参考标准之一。日本很多上市公司要求新员工的托业考试成绩在700分以上,有名的国际企业或商社则要求新员工的托业考试成绩超过850分,甚至达到900分。

受近年来日本大学考试改革的影响,托业考试在大学升学上的作用变小了(虽在外国人留学生入学考试中仍适用,但在一般入学考试中往往不被认可)。然而,托业考试成绩对在日本就业的人非常有帮助,可以说是进入日本职场的通行证。

---

① 托业考试中国报名网址为http://www.toeic.cn;日本报名网址为https://www.iibc-global.org/toeic/test/lr/guide01.html。

(七)雅思考试[1]

雅思考试全称为国际英语测试系统(International English Language Testing System, IELTS),是著名的国际性英语标准化水平测试之一。由英国文化教育协会、剑桥大学考试委员会和澳大利亚教育国际开发署(IDP)共同管理。雅思考试坚持"沟通为本"的理念,是全球首创从听、说、读、写4个方面进行英语能力全面考核的国际考试,能够立体综合地精准测评考生的英语语言运用能力,国际认可度较高。

雅思考试在世界上140个国家的1200多个城市设有考点。在日本,就有16个城市设有雅思考试考点。雅思考试成绩作为申请日本大学的英语成绩也被越来越多的大学所认可,尤其是通过推荐入试和AO考试招生的大学,有条件的留学生也可以尝试参加。

(八)托福考试[2]

托福(Test of English as a Foreign Language, TOEFL)是由美国教育测验服务社举办的英语能力测验考试,大家在申请出国留学时一般都需要向接收学校提交托福成绩。

与欧美国家一样,外国学生报考日本大学时最被认可的英语考试也是托福考试。托福考试主要考查的是学术知识及校园

① 雅思考试中国报名网址为 https://www.eiken.or.jp/ielts/;日本报名网址为 https://www.chinaielts.org/。

② 托福考试中国报名网址为 https://toefl.neea.cn/;日本报名网址为 https://www.ets.org/jp/toefl。

场景相关内容,词汇量较大且较为冷门,注重对考生的听、说、读、写综合能力的检测,考试成绩也更能体现出考生真实的英语水平。与托业及日本本土的英检相比,托福难度更大,但含金量也更高。在日本,有不少大学不认可托业和雅思考试成绩,而认可托福考试成绩。同时,外国留学生若能取得较好的托福考试成绩,则更容易申请到大学的奖学金。

三、查询日本留学信息的主要网站

(一)日本学生支援机构(JASSO)

日本学生支援机构(日本学生支援機構/にほんがくせいしえんきこう)(JASSO)的网站为https://www.jasso.go.jp/index.html。

日本学生支援机构是日本文部科学省管辖的独立的行政机构,主要负责日本学生的助学金贷款、日本学生留学和外国留学生支援相关工作,此外还是留考的主办方。

从该网站上可以查询到日本留学、奖学金和在日本就业等相关信息,该网站是全面而实用的日本留学信息查询网站。网站首页如图5-5所示。

此外,日本学生支援机构编撰的《日本留学指南》(*Student Guide to Japan*)较为详实地记录了有关日本留学的基本信息,可为有留学意向的学生提供一些有效参考。

中文版PDF文件下载链接为https://www.jasso.go.jp/zh-CN/study_j/__icsFiles/afieldfile/2019/09/24/sgtj_2019_cn.pdf。

大家有需要的话,可以免费下载阅读。

图 5-5　日本学生支援机构(JASSO)网站首页

(二)日本留学综合指南

日本留学综合指南的网址为 https://www.studyinjapan.go.jp/ja/。

日本留学综合指南是日本外务省的留学信息网站，上面详细地介绍了日本政府向外国留学生提供的各类帮助及有关日本各所大学、专门学校、日语学校、民间组织的奖学金方面的信息。此外，日本留学综合指南网站上还详细地整理回答了日本留学过程中常出现的代表性的问题，包括日本的在留资格及日本的生活情况等。网站首页如图 5-6 所示。

图5-6　日本留学综合指南网站首页

（三）JAPAN STUDY SUPPORT

JAPAN STUDY SUPPORT的网址为：https://www.jpss.jp/ja/。

JAPAN STUDY SUPPORT是公益财团法人亚洲学生文化协会与日本倍乐生教育集团共同运营的网站。该网站简称JPSS，是日本目前规模最大的面向外国留学生的日本留学信息网。现在收录了近1300所大学、大学院、短大、专业学校的留学生招生信息、奖学金信息，以及在日生活信息等，并提供中文检索。

JPSS的留学信息检索功能非常强大，不仅可以根据地域、学校种类、关键词等检索升学信息，还可以根据专业分类查询。通过该网站可以直接登录一些积极招收留学生的大学官网，并且可以轻松查询到大学的报考条件、考试时间及学费等详细信息，可以说JPSS是非常实用的日本留学信息查询网站。网站首页如图5-7所示。

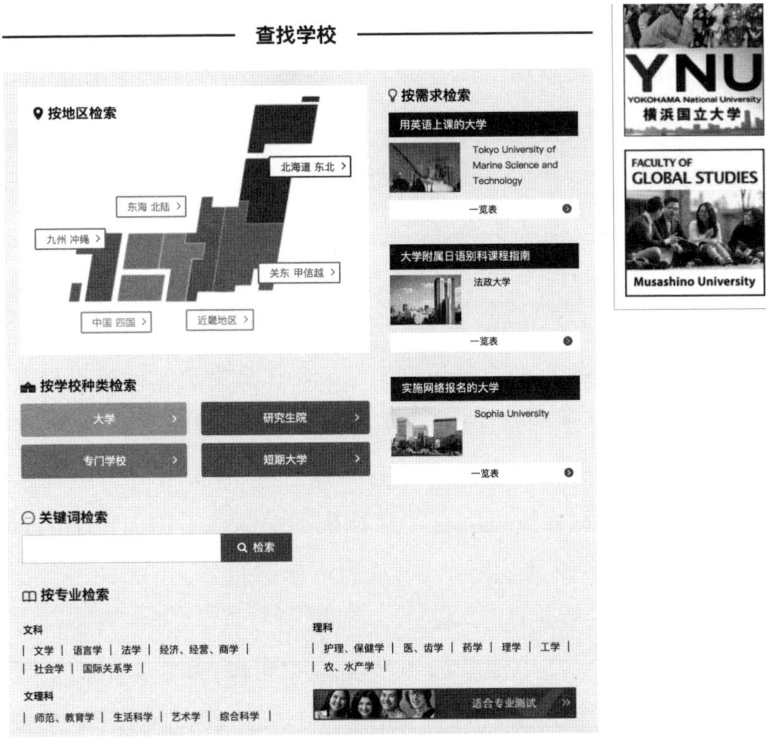

图5-7　JAPAN STUDY SUPPORT网站首页

致留学生家长

让孩子出国留学就像是让他们独自驾着一只小帆船在海上航行，需要其独自面对挑战，在风雨中历练。走上留学之路，一定会遇到很多不可预测的困难，如怎样与身边的同学交流，怎样处理遇到的复杂问题……这些都常常令小留学生们不知所措。留学不是切断孩子与家庭的联系，船航行得再远，家长依然是孩子人生的灯塔。在孩子遇到困难时，家长应及时了解并提出正确的建议帮他们渡过难关。

出国留学的孩子到了全新的生活环境里，语言、文化等都与中国国内有很大的不同，难免会产生压力。面对这些压力，有些留学生能够积极面对并很快地适应；而有些留学生则会畏惧甚至逃避，继而自暴自弃，或沉迷于游戏，或变得自闭。我认为，一些小留学生之所以不能快速适应国外生活，往往是因为其缺乏接纳异国文化的勇气和信心。家长让年少的孩子出国留学的意义恰恰在于此——走出舒适区，成为更好的自己。

2017年春，我创建了“留日学子”微信公众号，并一直坚持分享自己关于日本高中留学的一些经验和建议，并经常借此与日本高中留学生及其家长进行直接交流。通过与他们的不断接触，我也更加深入地了解了留学生的心理并真切体会到家长对孩子的担忧之情。

最令留学生家长困扰的就是其与在海外留学的孩子间的沟通问题。很多家长跟我反映说孩子从不主动与他们联系，给孩子发信息他们也是爱搭不理的。事实上，留学生们带着家长寄予的厚望只身前往日本求学，在国外生活本身就有很多压力。同时，家长对孩子迫切的关心有时候也会使孩子产生更大的压力。“每次聊天就会提学习，没有真正关心过我”“对日本啥也不懂”“我也知道父母是为我好，可我就是受不了他们的说话方式”……一些小留学生也很无奈地表达了他们的心声。小留学生在留学过程中遇到挫折向家长倾诉时，更多的是想得到家长的安慰。

孩子在留学路上离不开家长的理解与支持，唯有架起沟通的桥梁，才能让留学之路更加顺畅。

最后，我衷心地希望更多的留学生家长能够走进孩子的世界并倾听他们的心声；希望更多的留学生能够克服留学路上的种种困难，越战越勇；希望日本高中留学能帮助广大学子圆升学成才之梦。

朱华威

2020年3月